O CAMAFEU

WILSON FRUNGILO JR.

INSTITUTO DE DIFUSÃO ESPÍRITA

ide editora

INSTITUTO DE DIFUSÃO ESPÍRITA
Av. Otto Barreto, 1067 - Caixa Postal 110
CEP 13602-970 - Araras - SP - Brasil
Fone (19) 3541-0077 - Fax (19) 3541-0966
C.G.C. (MF) 44.220.101/0001-43
Inscrição Estadual 182.010.405.118

www.ide.org.br
info@ide.org.br
vendas@ide.org.br

Capa:

César França de Oliveira

5ª edição - setembro/2005
10.000 exemplares
(22.001 ao 32.000)

FICHA CATALOGRÁFICA

(Preparada na Editora)

Frungilo Júnior, Wilson, 1949-

F963c O Camafeu / Wilson Frungilo Júnior, Araras, SP, IDE, 5ª edição, 2005.

224 p.

ISBN 85-7341-310-7

1. Romance 2. Espiritismo. I. Título.

CDD -869.935
-133.9

Índices para catálogo sistemático:

1. Romance: Século 20: Literatura brasileira 869.935
2. Espiritismo 133.9

ÍNDICE

I

– Vamos lá, Fernando. A festa promete muito e você precisa distrair-se um pouco, conhecer novas pessoas, fazer novos amigos. Quanto tempo faz que não sai de casa, a não ser para trabalhar? Tenho certeza de que seu pai não gostaria de vê-lo assim.

– Meu pai...?

– Sim, seu pai. Desde que ele morreu, há... quanto tempo, mesmo?

– Quatro meses e cinco dias.

– Pois faz exatamente quatro meses e cinco dias que você resolveu fechar as portas para o mundo, enclausurando-se neste apartamento e vivendo duas personalidades.

– Duas personalidades? O que quer dizer com isso?

– Quero dizer que no trabalho você continua o mesmo de sempre: atencioso, polido, solícito, sorridente, agindo como sempre agiu, porém, no momento em que sai do serviço, uma grande modificação ocorre, numa metamorfose que o modifica radicalmente e nem consigo reconhecê-lo. Torna-se distante, triste, taciturno, sombrio.

– Nem sei o que dizer, Álvaro, somente peço que me perdoe e que tenha um pouco de paciência comigo.

– Nada tenho a lhe perdoar. Apenas gostaria de ajudá-lo.

Imagino o quanto deve estar sofrendo e quanto sacrifício deve estar fazendo para agir normalmente na empresa, sem deixar transparecer o que se passa em seu íntimo. Gostaria muito de ajudá-lo.

– Sei disso. Você está sendo muito atencioso comigo, porém ainda não consegui conformar-me com a morte de meu velho. Desde que ele partiu, sinto um vazio muito grande.

– É por isso que insisto em que deve sair um pouco. Você não irá conseguir superar essa tristeza ficando aqui dentro deste apartamento, onde muitas lembranças devem angustiá-lo ainda mais.

– Não é o apartamento que me angustia, Álvaro e, sim, o vazio que instalou-se dentro de mim. Desde que mamãe faleceu, há mais de quinze anos, você sabe, sempre vivi com meu pai e éramos muito amigos, aliás, mais que amigos: parecíamos fazer parte um do outro, resolvendo juntos todos os nossos problemas e partilhando todas as nossas alegrias, além do que, a sua morte veio muito de repente, sem estarmos preparados para ela. Tudo foi tão súbito. Nem ao menos o velho chegou a adoecer. Velho...Na verdade, nem velho era. Tinha apenas cinqüenta e dois anos de idade e possuía um físico até invejável.

– Realmente, seu pai parecia muito forte e saudável, porém, o derrame...você sabe...

– Aneurisma traiçoeiro...

Fernando e Álvaro são amigos há muitos anos, ambos trabalhando no setor contábil de uma grande indústria, onde possuem um razoável salário que os permite viver comodamente. Fernando, vinte e seis anos, solteiro, perdera a mãe aos onze, vítima de uma forte pneumonia e Orestes, seu pai, passara a ser para ele o grande herói de sua vida, preenchendo todo o vazio que o amor materno deixara em seu coração de menino. Eram mais que pai e filho: eram grandes amigos que, há quatro meses, inesperada morte veio separar, de maneira implacável e sem aviso, funesto acontecimento que Fernando não consegue aceitar, passando a guardar enorme mágoa em relação ao mundo. Nunca seguiu nenhuma forma de filosofia religiosa e, por isso, não tem a que se apegar, isolando-se das pessoas, num doloroso ponto de interrogação que parece crescer cada dia mais em seu peito, asfixiando a sua alma sedenta de consolo. Álvaro, vinte e nove anos, casado há quatro, possui uma vida bastante tranqüila, junto à sua pequena família: Eliana, sua esposa e Marina, sua filha, de apenas dois anos de idade. Tanto seus pais como os de Eliana, ainda vivos, moram em pequena cidade do interior do Estado. Foi nessa cidade que Álvaro e Eliana nasceram e passaram sua infância, vindo para a cidade grande logo após se casarem e de Fernando ter arrumado ao amigo uma colocação na firma onde já trabalhava. Eles haviam se conhecido há algum tempo, quando cursavam a mesma Universidade em cidade próxima à capital. Nessa época, tornaram-se amigos inseparáveis, apesar de Fernando viajar todas as noites para estudar e Álvaro morar em uma pensão com outros estudantes, sendo que, semana sim, semana não, Álvaro viajava com o amigo, hospedando-se em seu apartamento, no intuito de aproveitarem o sábado e o domingo juntos, freqüentando muitas festas. Por diversas vezes eram acompanhados por seu Orestes, que os jovens consideravam um grande amigo, nem chegando a perceber a diferença de idade entre eles. Após se formarem, Fernando, que já trabalhava desde os vinte e um anos, conseguiu uma colocação para Álvaro na mesma empresa da qual era dedicado e reconhecido funcionário. A amizade foi se fortalecendo cada vez mais e agora que Fernando encontrava-se preso a dorida angústia, o amigo tudo queria fazer para amenizar o seu sofrimento e tentar reorganizar-lhe o íntimo bastante desestruturado pela súbita morte do pai.

– Mas você precisa lutar, Fernando, e sair desse abatimento. Afinal de contas, a vida continua e ela ainda será muito longa para você.

O rapaz fica por algum tempo pensativo, até confessar o que, na verdade, lhe martiriza o pensamento:

– Sabe o que é, Álvaro? Além de não conformar-me com o fato de não poder mais conviver com meu pai, fico tentando imaginar onde ele poderá estar agora.

Álvaro franze o cenho como quem não está entendendo as palavras do amigo.

– Estou falando sério, Álvaro. Não posso aceitar que a morte venha pôr um fim a tudo porque, senão, nada mais haveria sentido na vida e martirizo-me com isso. Creio que papai deve estar em algum lugar e, pode parecer loucura de minha parte, mas gostaria de saber onde e como ele está.

– Você está falando sério?

– Estou. Nunca, antes, havia pensado sobre esse assunto, mas agora que papai se foi, não posso conceber que um homem como ele, tão pleno de vitalidade, com tanta vontade de viver, com tantos planos ainda por realizar, esteja se decompondo dentro de um túmulo e que tudo o que conseguiu conquistar, tanto intelectualmente, como em sua própria organização moral, tenha se perdido para sempre. Porque se a vida for assim, para que tanto trabalho, tanto sacrifício, tanto estudo para, um dia, tudo se perder na deterioração, na decomposição de uma massa encefálica? Algo deve sobreviver à morte do corpo, em alguma outra localização, em alguma outra dimensão. Entende?

Álvaro fica por alguns segundos em silêncio, raciocinando sobre essas palavras, a fim de poder emitir uma opinião a respeito do assunto que, a seu ver, parece-lhe um tanto difícil, apesar de entender plenamente a preocupação do amigo. Também nunca havia pensado nada a respeito do destino dos homens após a sua morte, preferindo ficar com a opção aprendida nos tempos de garoto e sobre a qual argumenta:

– Você acredita que possa existir um Céu e um inferno?

– Talvez, Álvaro, mas não da maneira como um dia aprendemos ou da maneira que alguns propalam. Sabe, tenho pensado bastante sobre isso nestes últimos meses e cheguei à conclusão de que, se existir mesmo um Céu, este deverá ser um local não de simples contemplação, mas um lugar de trabalho onde as almas, Espíritos, ou sei lá o quê, possam continuar a evoluir moralmente porque, na verdade, nós não podemos imaginar que a simples morte de um corpo possa dar a um ser a prerrogativa de vir a tornar-se um anjo ou mesmo de encontrar-se com Deus. Também não consigo imaginar que possa existir um inferno onde os maus sofram eternamente.

– Por que, Fernando? Você não acha que os bons tenham que ser premiados e os maus punidos?

– Punidos por quem, Álvaro? Por Deus?

– Talvez pelo demônio, se ele existir, realmente.

– E você acha que Deus iria criar algo dessa natureza, apenas para punir os maus? Penso que Deus é amor, justiça e perdão, não punição. Se Jesus veio até nós pedindo que perdoássemos uns aos outros...

– Percebo onde quer chegar, Fernando, mas penso que aqueles que praticam a maldade, como por exemplo, os assassinos, os estupradores ou aqueles tantos personagens que conhecemos que tanto mal fizeram à Humanidade, devam receber algum castigo.

– Acredito mais num castigo, talvez, da própria consciência, Álvaro. Além do mais, já li em algum lugar, algo mais ou menos assim: "como entender a justiça de Deus que permite que um recém-nascido cresça, tenha um desenvolvimento normal e se transforme em, digamos, um assassino, vindo a sofrer, depois da morte, a dor eterna do inferno e que outro recém-nascido morra após alguns dias de seu nascimento e seja encaminhado às glórias do Céu, simplesmente porque, talvez, não tenha tido a oportunidade de incorrer em graves erros como o outro?"

– Fernando, você está me surpreendendo com essas suas idéias e, realmente, parece-me bastante claro e lógico esse seu pensamento. Mas a que conclusão você chegou a respeito de tudo isso?

O rapaz permanece por algum tempo em silêncio, parecendo colocar as idéias em ordem, antes de dar a sua opinião final:

– Como você mesmo disse, acredito que deva existir algo de mais lógico e justo. Agora, de uma coisa tenho uma grande convicção: a morte não existe e todos nós, como alma ou espírito que devemos ser, apenas abandonamos este nosso corpo e continuamos a viver em alguma outra dimensão.

– E que seu pai deve estar, neste momento, localizado nessa dimensão?

– Só posso acreditar nisso.

– Meu grande amigo, se realmente crê nessa possibilidade, e devo confessar que chego a aceitar alguns pensamentos nesse sentido, imagino que isso possa servir de grande consolo para você. Creio, até, que um dia você poderá vir a encontrar-se com seu Orestes, nesse, digamos, outro plano da vida. Não se sente mais confortado e fortalecido com essa certeza? – insiste Álvaro, com a finalidade de levantar o ânimo do amigo.

– Sim, isso tem me ajudado muito.

– Pois então, Fernando, abandone de vez esse casulo no qual se meteu e procure voltar a sorrir, a viver intensamente, como sempre o fez. Vamos, meu amigo! Força!

– É que...você pode até achar que estou um pouco fora de minha razão mas...sabe o que é...?

– Diga, Fernando. Estou aqui para auxiliá-lo. Desabafe. Isso lhe fará bem.

Fernando reflete um pouco antes de responder e, quando o faz, fá-lo num só ímpeto:

– Quero entrar em contato com meu pai.

– O quê?! – exclama Álvaro, profundamente atônito.

– O que você ouviu, meu amigo. Quero falar com meu pai.

– Mas como, Fernando?! Você endoideceu?!

– Não. Não estou doido, não. Já ouvi falar, já li a respeito e sei que existe essa possibilidade.

– Espiritismo?

– Não sei. Talvez esse seja o caminho. Agora, de uma coisa estou certo: eu vou conseguir.

Álvaro que, alguns momentos atrás, estava animado com o rumo da conversa, achando que o amigo voltaria à normalidade, pois encontrara um ponto de apoio, sente, agora, um novo desânimo ao ouvir a franca determinação do rapaz, assustando-se com essa atitude que, para ele, parece um tanto tresloucada. E procura, mais uma vez, convencer o amigo:

– Tudo bem, Fernando, tudo bem. Acho até bom esse seu propósito, mas quero insistir para que volte a viver a vida. Torno a insistir: se quiser levar avante esse seu intento, faça-o, mas, por favor, aceite os conselhos desse seu amigo que muito lhe quer bem.

– Aceitarei os seus conselhos, Álvaro. Dê-me apenas um tempo. Logo, logo, retornarei à minha antiga e agitada vida social. Prometo-lhe.

– Assim é que se fala e espero que cumpra essa promessa.

– A propósito, quando será essa festa na qual insistiu tanto, hoje, para que eu vá?

– Na próxima sexta-feira, nos salões do Clube. Eliana já providenciou uma babá para Marina e já reservamos três ingressos.

– Três?

– Sim. Um é para você.

– Como tinha tanta certeza de que conseguiria convencer-me a acompanhá-los?

Álvaro sorri e explica:

– Esse baile sempre foi muito concorrido e não quisemos correr o risco de ver esgotados os ingressos.

– Está bem, Álvaro. Eu irei.

– Assim é que se fala. Assim é que se fala. E sabe quem vai estar também nessa festa?

– Quem?

– Hermínia.

– Hermínia? Há muito tempo não a vejo. Ela está com alguma peça em cartaz? Da última vez que conversei com ela, estava produzindo uma peça infantil na Polichinelo, aquela casa teatral, construída por seu pai. Nada como ter dinheiro, não, Álvaro? Hermínia formou-se em arte cênica e o pai construiu um sala de espetáculos para ela.

– Mas ela merece. Inclusive, tem dado oportunidade a muitos atores principiantes, recém-formados. Atualmente, está apresentando uma comédia e parece que tem levado muito público.

– Ela merece, sim. É uma boa moça.

– E ainda gosta muito de você, Fernando.

– Ora, deixe disso.

– É verdade. Aliás, foi ela quem pediu para que eu insistisse com você. Irá sentar-se conosco. Além dos ingressos, reservei também uma mesa para nós quatro: eu, Eliana, você e Hermínia.

– Você não devia ter feito isso, Álvaro. Sabe muito bem que não existe mais nada entre mim e Hermínia.

– Ela me pediu, Fernando, e não tive como negar. É uma boa moça. Eu e Eliana sentimos muito quando você decidiu terminar o namoro por causa daquela...daquela ilusão... Sinceramente, até hoje não consegui entendê-lo.

– Pois se quer saber, nem eu. Foi um sentimento muito forte e que perdura até hoje. E não foi nenhuma ilusão, não.

– Você ainda tem as fotos?

– Tenho.

– Pelo menos tirou da cabeça aquela idéia maluca de publicá-las, não?

Fernando permanece em silêncio, olhando para o amigo que, temeroso, pergunta-lhe novamente:

– Tirou da cabeça, Fernando?

– Sinceramente não. Só não o fiz ainda, por única e exclusiva falta de coragem. Tenho muito medo de sofrer uma desilusão.

Álvaro meneia a cabeça e suspira inconformado com a idéia fixa do amigo.

– Você sente mesmo alguma coisa por essa moça?

– Eu a amo, meu amigo.

– Não posso acreditar. Não é possível. Como pode amar alguém que não conhece, a não ser por algumas fotos tiradas à distância? Você nunca mais a viu?

– Nunca mais.

– E queria colocar um anúncio nos jornais?

– Talvez ainda o faça.

– Você é doido, Fernando. Indiscutivelmente, você é doido – repete Álvaro, sem conseguir conter um curto riso nervoso e preocupado.

– Talvez eu seja mesmo um doido, mas pode crer que o que sinto é realmente muito forte. Não consigo tirá-la do meu pensamento.

Há mais de um ano, Fernando convive com um sentimento de amor um tanto estranho que, seu pai, quando vivo, o exortava a seguir adiante, aconselhando o filho a fazer tudo o que seu coração lhe sugerisse para não correr o risco de arrepender-se um dia. Mas Fernando tinha muito medo de sofrer uma decepção ou algum tipo de humilhação por parte da misteriosa jovem, receio esse que seu Orestes não aprovava, pois dizia que seria muito melhor sofrer uma desilusão naquele momento do que viver aprisionado a alguém pelo resto da vida. E esse era o termo exato do que ocorria com o jovem: estava aprisionado pelo amor. Um amor por uma jovem que somente vira uma vez e que não chegara a aproximar-se mais que alguns metros. Tudo acontecera num *shopping center,* quando lá fora com a intenção de comprar uma máquina fotográfica, pois pretendia dedicar-se um pouco a esse *hobby.* E não poupara dinheiro na compra de um equipamento, adquirindo uma câmara bastante sofisticada, de variados recursos e um jogo completo de objetivas e outros acessórios. Decidiu também começar, ali mesmo, no *shopping,* o seu debute na arte fotográfica. Dessa forma, saiu da loja de departamentos devidamente preparado: pendurada ao pescoço, uma câmara equipada com uma objetiva *zoom*, daquelas que aproximam a imagem a ser fotografada, ampliando-a e um filme de alta sensibilidade, devidamente instalado, pronto para uso. Fernando, naquele momento, nem podia imaginar o que o destino lhe reservava, ao começar a testar o equipamento. Imóvel defronte da grade de um mezanino, começou a focalizar diversas partes do *shopping* através da câmara, alterando a distância no *zoom*, observando, através das lentes, pessoas, letreiros, objetos os mais diversos, divertindo-se muito, até que, apontando para uma escada rolante que subia em direção ao local onde se encontrava, recebeu o impacto que modificaria todo o rumo de sua vida, principalmente o de seus sentimentos: uma moça de seus vinte e poucos anos, rosto marcante composto por olhos azuis esverdeados, lábios finos, nariz ligeiramente longo, denotando certo ar aristocrático e firmeza de propósitos, tudo emoldurado por sedosos cabelos curtos e loiros. Sua pele alva, seus contornos e seu porte elegante, davam-lhe, apesar do vestido simples que envergava, um quê de determinação e de candura ao mesmo tempo. Fernando não resistiu ao impulso e fotografou-a, não uma única, mas diversas vezes, manipulando sofregamente a objetiva, focalizando-a em diversos planos: de corpo inteiro, meio corpo e, principalmente seu rosto que, num determinado momento chegou a olhar diretamente para a câmara, o que fez com que o rapaz, assustado, interrompesse aquela sessão de fotos numa última tomada. E, temendo que a moça o tivesse visto, virou-se, caminhando rapidamente em sentido contrário, com o coração batendo fortemente e com uma ligeira, mas agradável sensação de vertigem, parecendo não estar sentindo o chão sob os seus pés. Após andar por alguns metros, arriscou volver o olhar para o ponto onde imaginava que a jovem poderia estar, porém, ela caminhava em sentido contrário, afastando-se por entre a multidão. Percebendo, então, que ela dobrara à direita, no final daquele largo corredor, disparou pelo outro lado, no intuito de contornar o interior do *shopping,* com a esperança de interceptar-lhe o caminho para vê-la mais de perto e, qual não foi sua decepção quando a viu, ao longe, saindo do prédio, pois descera novamente para o andar térreo, sem que ele o percebesse. Tentou alcançá-la, mas não o conseguiu, sentindo-se triste com o fato de não tê-la encontrado antes, pois talvez tivesse tido a oportunidade de informar-se a seu respeito, se a tivesse visto saindo de alguma loja. E a partir desse momento, tudo modificou-se em sua vida: não conseguia pensar em outra coisa, a não ser naquela moça que incompreensivelmente arrebatara os seus sentimentos numa explosão de um amor à primeira vista que ele nunca acreditara poder existir. Não tendo coragem de encomendar a revelação daquele filme numa das lojas do *shopping*, pois poderia ocorrer de alguém reconhecer a moça e pedir-lhe explicações sobre o seu procedimento, viajou até uma cidade vizinha onde um laboratório as revelou. Com o passar dos dias, não conseguindo conter-se, mostrou-as ao pai, confessando o que lhe acontecera. Seu Orestes, a princípio, chegou a rir-se dele, modificando, um mês depois, a sua ótica sobre o assunto, ao perceber a verdadeira obcecação do filho que, diariamente, após o trabalho, percorria as dependências do *shopping center*, na esperança de encontrar novamente a jovem. Na ocasião, namorava Hermínia, que conhecera numa recepção em casa de Álvaro, dois anos atrás e que, formada em artes cênicas, já estava dando os últimos preparativos para a encenação de sua primeira peça teatral, como diretora e atriz. Porém, antes que ela fizesse a sua estréia, Fernando terminou com o namoro, pois chegara à conclusão de que não mais a amava ou que, talvez, nunca tivesse mesmo chegado a amá-la porque, agora, sabia o que era realmente um verdadeiro amor. Hermínia sofrera muito com a separação, atirando-se completamente ao trabalho como forma de compensar a tristeza que lhe tomara conta. Fernando não lhe contara sobre a desconhecida para que ela não sofresse mais ainda, alegando apenas que havia se confundido em seus sentimentos para com ela, pedindo-lhe que o perdoasse. Hermínia, no entanto, nunca o conseguiu esquecer, continuando a sentir por ele o mesmo amor que sempre lhe nutrira. Passados dois meses, seu Orestes, percebendo que o tempo não conseguira apagar aquilo que, a princípio, considerara apenas uma passageira ilusão do rapaz, resolveu apoiá-lo, aconselhando-o a tentar localizar a jovem e ainda sugerindo-lhe que publicasse uma das fotos em jornais de grande tiragem, solicitando que a moça entrasse em contato com ele. Evidentemente, não sabia no que poderia dar aquela atitude, mas não vislumbrava nenhuma outra saída para o caso, disposto que estava em auxiliar Fernando. O rapaz, porém, não tinha a coragem suficiente para essa atitude de tamanha envergadura, apesar de o pai insistir muito com ele, alertando-o de que, na vida, temos que lutar pelo que nos clama o coração e que, se por acaso, a jovem não viesse a sentir o mesmo por ele, ou mesmo se já amasse alguma outra pessoa, pelo menos ele teria a consciência tranqüila de ter tentado e que pior seria ficar o resto da vida naquela angústia, mesmo porque, apesar de remota, ainda havia a possibilidade de ocorrer uma reciprocidade naquele sentimento. Quem sabe, a moça não ficaria impressionada com aquele seu gesto? Deveria tentar, aconselhava o pai. Fernando quase chegou a pôr em prática a idéia, desistindo no último momento. Passados mais alguns meses, seu Orestes vem a desencarnar, deixando o filho num grande desespero, hoje um pouco atenuado pela idéia da continuidade da vida após a morte do corpo físico. Álvaro, seu amigo, também representou para ele um grande apoio, dirigindo-lhe sempre bons conselhos e tentando promover o seu retorno a uma vida normal. Nunca apoiara a idéia do amigo tentar encontrar a jovem por quem se apaixonara, principalmente no tocante à publicação de suas fotos em jornais, tentando agora reaproximá-lo de Hermínia, sua antiga namorada, que nunca deixara de o amar e que, tinha a certeza, possuía todas as qualidades para fazê-lo feliz.

– Bem, Fernando, tenho que ir. Já é tarde e Eliana deve estar preocupada com a minha demora. Talvez não nos vejamos amanhã e depois de amanhã, pois estarei viajando a serviço da empresa. De qualquer maneira, sexta-feira, por volta das vinte e duas horas, passaremos para apanhá-lo. A propósito, o traje para o baile é paletó e gravata.

– Eu os esperarei. Muito obrigado pelo convite e principalmente pela paciência que têm tido comigo, você e Eliana.

– Nada tem a agradecer. Afinal de contas somos grandes amigos. Até sexta-feira então, e boa noite.

– Boa noite, Álvaro.

II

– Penso que deve dedicar-se a esse trabalho, sim, Jandira, e concordo plenamente com você: deve realizá-lo em sua casa, pois acredito que terá uma maior probabilidade de sucesso, além do fato de que lá terá mais tempo disponível do que aqui no Centro Espírita. Confio muito em sua intuição.

– Muito obrigada, seu Pedro, pela confiança. Sinto que devo experimentar e, se porventura eu perceber que nada trará em benefício da Doutrina, poderei interromper o trabalho, solicitando aos Espíritos bons e amigos que o encaminhem para uma reunião mais apropriada. Mas senti muita sinceridade em seus propósitos, através de minha intuição e creio que devo levar avante essa idéia de trabalhar em algo que possa levar ao povo mais simples algumas considerações a respeito da morte e suas conseqüências que, inevitavelmente, dependem do grau de amor que cada criatura tenha desenvolvido em seu coração.

– Pois vá em frente. Terá todo o meu apoio.

Seu Pedro é dirigente do Centro Espírita Allan Kardec e Jandira, uma das médiuns que empresta a sua mediunidade a serviço da causa, no trabalho de doutrinação de Espíritos necessitados. Possui dois tipos de mediunidade: a psicofônica, que é a de transmitir oralmente as mensagens espirituais e a psicográfica, através da qual recebe as comunicações, escrevendo-as numa folha de papel. E é através dessa modalidade mediúnica que pretende trabalhar, doravante, por algumas horas diárias em seu próprio lar, atendendo a um pedido intuitivo de um Espírito que quer relatar suas recentes experiências de pós-morte do corpo físico e, conseqüentemente, sua libertação como Espírito que é. Amparada por outras intuições, recebidas de luminares entidades ligadas ao trabalho do Centro que freqüenta, procurou seu Pedro a fim de ouvir suas considerações e conselhos a respeito desse novo trabalho e, diante de sua aprovação, pretende começar a trabalhar naquela mesma noite e em mais algumas outras noites por semana, sempre no horário preestabelecido por ela própria.

***

No horário aprazado, Jandira senta-se defronte de uma pequena mesa em seu quarto, com várias folhas de papel em branco por sobre a mesma e profere sentida prece de agradecimento por tudo o que o Alto a tem auxiliado em sua vida diária, rogando também proteção e apoio no trabalho que pretende iniciar a partir daquele instante. Apesar da experiência que já possui no campo da psicografia, é a primeira vez que irá realizá-la de uma maneira diferente, pois imagina que, talvez, desta feita, realize um trabalho mais extenso do que as pequenas mensagens que costuma receber no Centro Espírita, quase sempre de Espíritos que necessitam ainda de um encaminhamento e de um esclarecimento quanto ao seu atual estado, haja vista que, na maioria das vezes, entidades ainda muito presas ao círculo da matéria, nem mesmo se apercebem de que já abandonaram suas vestimentas carnais e ficam a perambular, como se estivessem num estado sonambúlico, por entre as pessoas e coisas que lhes são caras. Doutras tantas vezes, sofrendo as conseqüências de seus atos menos dignos a lhes martelar a consciência ou, até mesmo, escravizadas a sentimentos de vingança, jungidas àqueles que lhes fizeram brotar essas algemas de ódio. Nesse momento, percebe a aproximação da entidade comunicante e procura concentrar-se na tarefa, deixando de lado outros quaisquer pensamentos que não sejam o de trabalhar em benefício da Doutrina. Mais alguns segundos se passam e já consegue visualizar num ponto bem profundo de sua mente, a figura do Espírito sob cuja tutela ela escreverá: um senhor de pouco mais de cinqüenta anos, acompanhado por mais seis entidades bastante luminosas que lhe norteiam os passos nessa experiência que, apesar de bastante nova para ele, terá grande importância no decorrer do tempo, principalmente pelas pessoas que, num futuro bem próximo, deverão dar andamento a uma missão das mais nobres, ligada à divulgação da Doutrina Espírita. Jandira percebe ter chegado o momento do intercâmbio e, apanhando um lápis de sobre a mesa, traz para perto de si um lote de folhas brancas, dando início então ao abençoado trabalho. Procura deixar a mente livre de quaisquer pensamentos até o momento em que as primeiras palavras começam a ocupá-la insistentemente e, apoiando o lápis sobre o papel, começa a transcrevê-las:

"Meus irmãos.

"É a primeira vez que comunico-me desta maneira, possuindo, inclusive, certa dificuldade que somente é superada pelo apoio de outros Espíritos aqui presentes. A partir de agora, identificar-me-ei apenas como Soares e tentarei colocar no papel alguns acontecimentos pelos quais passei, desde que deixei o meu corpo físico, na inevitável viagem entre os planos material e espiritual que todos temos que realizar, viagem esta que já realizamos por diversas vezes, apenas não nos lembrando por força da bondade divina que cerra o passado ante os nossos olhos e nos daqueles com os quais tornamos a conviver para que possamos resgatar os nossos débitos e, com isso, evoluirmos, percorrendo as lições que Nosso Pai bondosamente nos concede. Também nosso Criador, muitas vezes nos permite entrar em contato com os irmãos do plano físico na missão de abrir em seus corações uma nova porta para o entendimento das verdades da vida, para que, chamados a esse esclarecimento, raciocinem e estudem a Doutrina Espírita, trabalhando também na sua divulgação. E, tendo a plena convicção de que estas minhas mensagens chegarão a endereços certos, através do auxílio dos mensageiros de Jesus, inicio o relato a que me proponho.

"Hoje, **maio de 1998,** *retorno minha memória ao ocorrido em* **14 de agosto de 1969, há quase vinte e nove anos,** *quando, voltando para casa, senti a primeira dor no peito, necessitando interromper os meus passos e amparar-me numa parede para não desfalecer, ao mesmo tempo em que o ar parecia faltar-me. Permaneci imóvel por alguns minutos até sentir-me novamente bem e reiniciei a caminhada. Encontrava-me a poucos metros de minha residência e procurei locomover-me lentamente, pois imaginei reconhecer esse sintoma, através de relatos de amigos que já haviam sido acometidos por um infarto. – Tomara que minha filha esteja em casa – pensei ao entrar, pois poderia, talvez, chamar uma ambulância para socorrer-me. Mas Alzira não estava e, sentindo nova e lancinante pontada, tentei gritar por socorro sem que a voz se libertasse de minha garganta. Eu já era viúvo havia pouco mais de dois anos e morava com minha filha e meu genro, que somente chegava do trabalho bem à noitinha, dada a distância de seu emprego e por força do congestionado trânsito da capital, onde morávamos. – O telefone...sim...o telefone – e, num esforço muito grande, prendendo a respiração para aliviar a dor, tentei alcançá-lo, no intuito de ligar para um pronto-socorro, ao mesmo tempo em que meus olhos, já enevoados, tentavam localizar a Lista de Classificados. – Devíamos todos saber de cor os números mais importantes: do hospital, da polícia, do corpo de bombeiros... – dizia para comigo mesmo, quando as minhas pernas não obedeceram mais ao meu comando e, por sorte, tombei no sofá da sala de estar, conseguindo, depois de alguns intermináveis segundos, posicionar-me o mais comodamente possível. Sentia-me gelado e um frio suor era excretado de meu corpo combalido. E, já com a mente turva, lutei desesperadamente para que os meus pensamentos, agora mais íntimos, permanecessem sob o meu controle. Foi quando lembrei-me de Deus; eu, que há muito tempo o banira de minha mente. De formação católica por tradição, afastara-me de há muito, dos cultos e da idéia de um Criador. Sempre fora um homem correto, trabalhador, ciente de minhas responsabilidades e, até mesmo, por muitas vezes, generoso e caridoso para com meus semelhantes, princi-*

palmente, com aqueles que eu percebia em dificuldades, fossem elas quais fossem. Do fundo de meu coração, sempre partiram muitas ações caritativas, desde o meu eterno sorriso para com todos os que cruzavam o meu caminho, pois que era uma pessoa sempre de bem com a vida, até os gestos "mais tresloucados", que era como os meus amigos denominavam os meus constantes atos de auxílio e socorro a todos os que necessitassem de uma ajuda, principalmente com os assuntos ligados à saúde. Costumava, sempre que possível, nos finais de semana, visitar um hospital público, próximo de minha casa, a fim de detectar pessoas com reais necessidades de serem auxiliadas, tanto por problemas burocráticos de internação, quanto pelos de ordem financeira, os quais tentava resolver, saindo à cata de amigos que pudessem contribuir. Chegava mesmo a fazer listas de contribuições e até grandes campanhas, envolvendo depósitos em contas bancárias que fazia questão de administrar e, posteriormente, prestar contas, através da imprensa escrita. Não sabia explicar por que sentia tanta satisfação em procurar esses necessitados e auxiliá-los, mas durante toda a minha vida isso foi uma constante, tendo sido, muitas vezes, contestado pelos amigos, com a alegação de que eu perdia muito tempo nisso, sem preocupar-me comigo mesmo. Somente minha esposa sabia compreender-me, animando-me a esse trabalho, tendo, inclusive, por diversas vezes, me acompanhado nessas verdadeiras peregrinações em busca de oportunidades de trabalhar em prol de criaturas verdadeiramente relegadas a último plano pela sociedade ávida de satisfações próprias. Realizava esses atos de caridade numa incontida e inexplicável necessidade, como se dependesse disso para poder sobreviver, para poder sentir uma paz tão necessária quanto o ar que respirava ou o alimento que sustentava o meu organismo. E, como já relatei, sem preocupar-me nunca com qualquer tipo de religiosidade, ou mesmo com a existência de um ser celestial que a tudo presidisse neste Universo em que vivemos, chegando a fugir de assuntos que dissessem respeito a Deus, nosso Pai e Criador. Porém, naquele momento, antevendo a provável chegada da morte, não conseguia raciocinar em outra coisa a não ser na necessidade de elevar meus pensamentos a um ser supremo que tutelasse o meu inexorável destino em direção ao desconhecido mundo que, um dia, aprendera como sendo a inevitável díade Céu e Inferno. E assim o fiz humildemente, numa prece onde as lágrimas brotavam naturalmente de meus olhos, e, a súplica, solicitando arrimo no seio do Criador, atenuava as minhas dores, levando-me a um estado de balsamizante e inexcedível ventura e paz, onde interessante fenômeno operou-se em minha mente: como se fora um filme cinematográfico, todas as cenas de minha vida, desde a infância até aquele presente momento, foram projetadas em espantosa velocidade na tela de meu consciente, trazendo-me recordações as mais variadas, desde os mais felizes acontecimentos até as mais funestas reminiscências, tudo na mais fidedigna reprodução. Mas o que causou-me maior sensação de bem-aventurança foi a seqüência de fotogramas vivos e muito iluminados dos rostos de todas aquelas pessoas a quem auxiliei, todas sorrindo para mim, profundamente agradecidas, fazendo com que eu me esquecesse da provável morte que me rondava e vivesse somente para aquele mágico instante, às vezes interrompido por uma voz que, de muito longe, me chamava. Languidamente, intentei abrir os olhos, somente conseguindo uma pequena fresta nas pálpebras, por onde visualizei minha filha Alzira, que tentava desesperadamente despertar-me, sacudindo o meu corpo; num último esforço consegui segurar uma de suas mãos e articular algumas palavras, informando-lhe que havia chegado a hora de minha partida, pedindo-lhe também que se acalmasse e confiasse em Deus e em Jesus, no mesmo instante em que criaturas, vestindo trajes alvos e luminosos, pareceram materializar-se no ambiente, começando uma verdadeira cirurgia em meu corpo, desligando muitos fios que, até então não havia notado e que depois vim a saber tratar-se de finos cordões que ligavam meu perispírito ao corpo físico. Na verdade, estavam auxiliando o abraço da morte, e eu me sentia como que flutuando por sobre o meu corpo estirado no sofá e revestido de um outro igual àquele, porém de um material mais leve e ligeiramente diáfano. Colocaram-me então numa maca de tecido muito branco e carregaram-me para fora daquele cômodo, como se estivessem me transportando por dentro de um iluminado túnel, abandonando, assim, meu corpo carnal. Daí em diante, dormi profundamente, não sei por quanto tempo, até acordar num quarto bem parecido ao de um hospital, diferenciando-se apenas nos detalhes das paredes, da porta, janela e móveis que se me apresentavam como que constituídos por um material de superfície bastante homogênea, onde a cor branca imperava, enriquecida por tonalidades amenas e tranqüilizantes. Seu mobiliário constituía-se de uma cama, na qual encontrava-me deitado, duas cadeiras de um dos lados, uma cômoda e um pequeno guarda-roupa. Do meu lado esquerdo, uma pequena janela descortinava um lindo jardim com vários canteiros de plantas ornamentais e flores as mais diversas. Em seus caminhos, várias pessoas que detectei como sendo pacientes, pelo fato de usarem um pijama como o que eu usava, caminhavam tranqüilas em aparente conversação. Lembrei-me, então, de tudo o que me ocorrera quando na sala da casa de minha filha e imaginei ter sonhado com tudo aquilo e que, agora, estava convalescente num quarto de hospital, muito sofisticado e muito bonito, por sinal. – Será que tivera sido vítima realmente de um infarto? – pensei, lembrando-me dos detalhes daquela tarde, quando passara por experiência que mais me parecera a de minha morte. Graças a Deus tudo não devia ter passado de um sonho, mas um sonho que, tenho a certeza, tão cedo não esqueceria, principalmente pela grande paz interior que havia sentido e da certeza adquirida da existência de um Deus, nosso Criador. – Mas afinal de contas – insistia comigo mesmo – o que teria realmente acontecido? Teria sido eu uma daquelas pessoas que voltara de um coma com lembranças do momento de uma quase libertação do corpo físico, como já havia visto em reportagem num programa de televisão e lido, um dia, num livro de um médico que pesquisara esse fenômeno em diversas pessoas que passaram por essa experiência? Só poderia ter ocorrido isso – pensava, imaginando tentar entrar em contato com esse pesquisador norte-americano, assim que tivesse alta. Mas e Alzira e meu genro? Onde estariam? Evidentemente, deveriam estar trabalhando naquele momento, pois talvez não imaginassem que eu recobraria a consciência tão cedo, deixando-me, talvez, aos cuidados de enfermeiras. Procurei então examinar-me a fim de descobrir se havia sofrido alguma cirurgia, nada encontrando, a não ser pequena vermelhidão por sobre o meu peito, como se tivesse levado um risco de tinta rósea de cima a baixo. Há quanto tempo estaria naquele hospital? Passei a mão em meu rosto e percebi encontrar-me barbeado, sentindo também um doce e leve perfume que exalava de meu corpo. – Devem ter-me banhado enquanto dormia – concluí, resolvendo, por fim, chamar alguém para cientificar-me a respeito de mim mesmo. Girei o corpo para o lado direito e, tombando a cabeça para trás, visualizei um pequeno botão no próprio corpo da cama, com a legenda "campainha", por debaixo. Apertei-o e aguardei. Passados alguns minutos, abriu-se uma porta localizada na parede oposta à da janela, dando passagem a dois homens que trajavam roupas brancas, portando largo sorriso nos lábios. Pela maneira como chegaram e se posicionaram ao meu lado, cheguei à fácil conclusão de que um deles, o mais velho, aparentando pouco mais de quarenta anos, devia ser o médico e o outro, mais moço, um enfermeiro. Abrindo agora um pequeno parênteses, gostaria de dizer que, a partir deste instante, passarei a descrever, para um melhor entendimento, a íntegra de diálogos mantidos entre mim e outros personagens desta minha narrativa.

– Boa tarde, irmão Soares. Meu nome é Ulysses e este é Flávio. Estamos encarregados de sua cura.

– Boa tarde, doutor.

– Chame-me apenas de irmão Ulysses.

– Pois bem, irmão Ulysses. Não sei o que está acontecendo, mas acordei, sentindo-me muito bem. Graças a Deus devo ter sido socorrido a tempo, não?

– Oh, sim, meu irmão, pois poucos conseguem esse auxílio, de maneira tão rápida. O irmão pode ter a certeza de que

foi merecedor dessa intervenção. Afinal de contas, sabemos que já auxiliou muitas pessoas necessitadas.

– Como o irmão está sabendo dessas coisas? Por acaso, foi minha filha quem lhe contou? Ou será que fui socorrido por alguma daquelas pessoas? É, pode até ter sido, pois muitas delas passaram a me visitar algumas vezes.

Ulysses apenas sorriu e comentou:

– Digamos que foi o amor que todas elas nutrem pelo irmão.

– Não estou entendendo...

– Não se preocupe com isso agora, irmão Soares. Vai necessitar de um pouco mais de repouso e de uma alimentação bem leve. Logo mais, poderá tomar um caldo bastante revigorante.

– Muito obrigado. Sinto mesmo um pouco de fome.

– Procure descansar mais um pouco. Mais à noitinha, viremos vê-lo.

– E minha filha e meu genro, irmão Ulysses? Quando virão ver-me?

Foi então, nesse momento, em que Ulysses e Flávio entreolharam-se num mudo entendimento, que comecei a vislumbrar a verdadeira realidade de minha situação, passando a crivá-los de perguntas a respeito do que estava me acontecendo:

– Espere um pouco...me digam uma coisa: que hospital é este? Estou achando tudo muito estranho. E minha filha? Por que não está aqui comigo? Afinal de contas, fui operado...ou não fui?! O que significa este vergão em meu peito? Quem são vocês? Pelo amor de Deus, respondam-me.

– Procure acalmar-se, meu amigo, e logo terá a explicação de tudo o que está lhe acontecendo.

O sangue gelou-me nas veias e comecei a sentir-me muito

mal, parecendo estar voltando a sentir as dores no peito de que havia sido vítima antes de ser hospitalizado. Ulysses então, rapidamente, após informar que aplicaria passes magnéticos em mim, colocou suas mãos por sobre a minha fronte, solicitando auxílio do Alto. Em poucos instantes, senti-me envolvido por forte sono, sem sonhos, acordando apenas no dia seguinte, bem cedo, mais restabelecido e com muita fome.

– Bom dia, irmão Soares, – cumprimentou-me sorridente enfermeira – trouxe-lhe seu desjejum. Passou bem a noite? Deve estar com fome.

– Bom dia, minha senhora – respondi, procurando mostrar naturalidade em minhas palavras, pois ainda estava em dúvida quanto à minha situação e ligeiro tremor nos meus lábios exteriorizava a minha preocupação e o temor pelas idéias que passavam pelo meu pensamento. – Diga-me uma coisa: o doutor, quero dizer, o irmão Ulysses veio ver-me, ontem à noite?

– Deve ter vindo, sim. O irmão Ulysses visita, à noite, todos os pacientes que estão sob a sua responsabilidade, ministrando-lhes, juntamente com outros irmãos, passes magnéticos revitalizantes.

– Passes magnéticos? O que vem a ser isso, afinal de contas? Já ouvi falar nesse tipo de tratamento feito pelos espíritas. Por acaso, este hospital é espírita?

– Percebo – respondeu a enfermeira, aproximando-se de mim e segurando uma tijela contendo um caldo verde – que o irmão ainda não foi esclarecido quanto à sua verdadeira situação.

Mais uma vez um frio percorreu a minha espinha dorsal, culminando com um formigamento em minha cabeça. O que estaria querendo dizer aquela mulher? E, num impulso incontido, perguntei-lhe à queima-roupa:

– Minha irmã, seja sincera comigo e responda-me: onde estou? O que aconteceu comigo? Tudo isto aqui me é muito estranho.

A enfermeira, então, endereçando-me um sorriso caridoso, como quem olha para uma criança curiosa e assustada, respondeu-me de maneira muito calma e natural, enquanto ajeitava os meus travesseiros para que eu pudesse alimentar-me:

– O querido irmão encontra-se numa das diversas Colônias de Socorro, próxima à crosta da Terra, destinada a acolher Espíritos recém-desencarnados e que, por seus atos, fizeram-se merecedores de atenção mais especializada de nossos Mentores Espirituais.

– Não posso crer – foram as únicas palavras que encontrei para colocar para fora toda a surpresa a respeito daquela revelação, apesar de já ter asilado em minha mente a hipótese de ter abandonado o meu corpo físico.

– Agora tome esta alimentação que vai auxiliá-lo muito. Dentro em pouco, o irmão Ulysses virá vê-lo.

Queria falar mais, fazer mais perguntas, mas minha voz sumira, como que por encanto, travada pela minha própria mente que receava entrar em mais detalhes e, enquanto sorvia daquele caldo que a enfermeira, muito gentilmente, colocava em minha boca, com uma colher, lágrimas brotavam de meus olhos. Entreguei-me então à passividade, sentindo que a cada nova colherada meu organismo parecia reabilitar-se e uma paz, até então desconhecida para mim, tomava conta de meu íntimo. Terminada a ligeira refeição, a bondosa senhora tornou a ajeitar-me os travesseiros e a porta abriu-se dando passagem aos irmãos Ulysses e Flávio.

– Bom dia, irmão Soares. Bom dia, irmã Gertrudes. Como está o nosso convalescente? Já alimentou-se convenientemente?

– Sim, irmão Ulysses. Nosso paciente parece ter reagido bem à revelação.

Nesse momento, não consegui mais conter as lágrimas e

uma torrente de lamentações tomou forma em minhas palavras que lancei aos borbotões:

– Irmão Ulysses, diga-me, por favor: terei eu transposto a barreira da morte? Que lugar é este? Por que morri tão cedo? Ainda tinha muito por realizar. E minha filha Alzira? E meu genro? Como ficarão sem mim, sem a minha ajuda? E os pobres doentes do hospital? Eu os auxiliava tanto. Precisam de mim. Por que trouxeram-me para cá? Que lugar é este? Um hospital no Céu, no Purgatório? O que é tudo isto? Diga-me. Pelo amor de Deus, quero retornar. Quero voltar para a vida. Não posso ter morrido. Não posso.

E mais grossas lágrimas irromperam de meu desespero, enquanto tentava levantar-me da cama como se pudesse voltar para a minha antiga situação de encarnado.

– Acalme-se, irmão Soares – pediu Ulysses, fazendo-me deitar novamente – Acalme-se. Esse seu desespero somente servirá para trazer-lhe amargas conseqüências. Por favor, confie em Deus e tente acalmar-se para ouvir-nos.

– Sim, – respondi – mas por favor, explique-me mais sobre o que está me ocorrendo.

III

– Como vai, Hermínia? Há quanto tempo! – cumprimenta Fernando, meio sem jeito, a antiga namorada que, há quase um ano não vê. – Você me parece muito bem. Cada vez mais bonita. – complementa, tentando ser gentil, mas arrependendo-se imediatamente, pois não pretende dar nenhum tipo de esperança para a moça, no sentido de reatar o namoro por ele interrompido logo após o episódio em que se apaixonara pela estranha do *shopping*.

– E você continua gentil como sempre. Mas não faz tanto tempo assim, Fernando. Estive no sepultamento de seu pai, há pouco mais de quatro meses. Não se lembra?

– Oh, sim, desculpe-me, agora me lembro. É que estava tão transtornado...na verdade, até hoje ainda não consegui conformar-me com a sua morte.

– Vocês eram muito ligados, não é mesmo? Mas vamos mudar de assunto, pois quero vê-lo feliz esta noite. – apressa-se em dizer Hermínia, sem conseguir disfarçar o sentimento que ainda nutre por ele, tamanho o brilho de seus olhos, o que não passa despercebido de Fernando e nem de Álvaro e Eliana.

– Mas vamos sentar-nos – convida Álvaro, indicando uma mesa próxima, no enorme e já lotado salão de baile do clube. Na mesa, um pequeno suporte sustenta um cartão com o nome de Fernando, indicando a reserva.

– Você a reservou em meu nome, Álvaro?

– Foi idéia de Eliana. Disse que era para dar sorte de conseguirmos convencê-lo a vir.

– E funcionou! – exclama Hermínia, visivelmente entusiasmada com a presença do rapaz.

– Propositalmente reservamos esta mesa longe da orquestra para que pudéssemos ouvir melhor o som de nossas vozes – explica-se Eliana a Fernando e Hermínia – Acredito que vocês dois têm muito o que conversar. Afinal de contas há muito não se vêem.

Fernando enrubesce e agita-se na cadeira, incomodado com o rumo da conversa, pois percebe as intenções de Eliana ao proferir aquelas intencionais palavras. Hermínia, por sua vez, não perdendo a oportunidade, pega na mão dele e a aperta, dizendo-lhe:

– Realmente, devemos ter muitas novidades, não é mesmo?

– Sim...bem...quero dizer...de minha parte não tenho muito a contar. Quase não tenho mais saído de casa, depois da morte de papai.

– Isso é verdade – concorda Álvaro. – Foi necessário suar muito para conseguir trazê-lo até este baile, porém, depois deste, outros deverão acontecer, não é, Fernando?

Antes que o rapaz diga algo, Hermínia responde:

– É lógico que outros irão acontecer. Vamos formar um quarteto bem alegre e percorrer todos os bailes da cidade. O que acham da minha idéia?

Eliana bate palmas, entusiasmada, e replica:

– Vamos sim e já tenho até um nome para o grupo: Quarteto da Alegria.

Fernando sorri pouco à vontade e retira sua mão de sob a de Hermínia, levando-a ao bolso da calça para dali retirar um lenço com o qual enxuga a testa, num premeditado e disfarçado gesto.

– Está com calor, Fernando? – pergunta-lhe Eliana.

– Oh, sim, está um pouco abafado aqui.

– Por que não vai até o terraço tomar um pouco de ar? Leve-o lá, Hermínia.

– Venha – convida a moça, levantando-se e apanhando-o pelo braço, no que Fernando aquiesce, acompanhando-a.

– Vamos nos sentar neste banco. A noite está bastante agradável.

O rapaz senta-se ao lado da ex-namorada que, já tendo percebido o embaraço dele na mesa, evita desta feita tocá-lo, num supremo esforço de sua parte, pois sua vontade é a de abraçá-lo fortemente. Não conseguira esquecê-lo e ainda o ama muito. Fica alguns minutos em silêncio antes de dirigir-lhe a palavra e quando o faz coloca muito carinho na entonação da voz.

– Gostaria muito de poder ajudá-lo, Fernando. Percebo que deve estar sofrendo muito ainda por causa da morte de seu pai.

– Sim, Hermínia, sinto muito a falta dele. Afinal de contas, meu velho foi para mim muito mais que um pai. Foi meu grande amigo e também a mãe que perdi muito cedo. Na verdade, vi-me, de repente, sem família. Nunca imaginei que ele fosse partir assim tão cedo e que eu poderia sofrer tanto com essa separação.

– Eu imagino o quanto não deve estar sendo fácil. Agora, quanto à família, você sabe que pode contar comigo para o que precisar. Tenho certeza de que poderá contar também com Álvaro e Eliana. Sei muito bem que seu pai e sua mãe são insubstituíveis, mas amor por você é o que não nos falta para lhe darmos. E de minha parte, você sabe...

Fernando corta-lhe as palavras, fazendo-se de desentendido quanto às últimas palavras da moça:

– Sou muito grato a todos vocês e espero um dia poder retribuir-lhes, pelo menos em parte. Álvaro tem sido um grande amigo, o mesmo podendo dizer a respeito de Eliana. E você, como está se saindo no teatro? Da última vez que nos encontramos, estava levando uma peça infantil em sua casa de espetáculos. Como foi a receptividade?

Hermínia sente uma grande alegria invadir o seu coração, pois crê que Fernando está interessado pelo seu trabalho e, por conseguinte, por ela, o que, na verdade, não é bem assim. O rapaz apenas mudou o assunto antes que ela levasse o rumo da conversa para um ponto que não gostaria fosse levado.

– Foi muito boa, muito boa mesmo. Depois da estréia, entrei em contato com várias escolas e todas levaram seus alunos para assisti-la a um preço especial. Se quer saber, não deu ainda para ganhar muita coisa, mas, pelo menos, não me deu prejuízo. Tive até um certo lucro que estou guardando para montar uma nova peça.

– Uma nova peça infantil?

– Não. Desta vez, vou partir para um trabalho para adultos.

– Pensei que seu ideal era o de montar peças infantis. Sempre me falou nisso.

– Oh, sim. Essa é a minha especialidade e não abandonarei totalmente esse trabalho. Estou atuando numa peça para crianças aos sábados e domingos, porém em outra casa. Na Polichinelo é que montarei uma peça voltada para uma doutrina que abracei, logo que terminamos com o nosso namoro.

– Uma doutrina? – pergunta rapidamente Fernando, ainda na defensiva, para não entrar num assunto que realmente não deseja abordar.

– Sim. Uma doutrina que abriu novos horizontes em minha vida e que pretendo repartir com outras pessoas, através do teatro.

– E que doutrina é essa que a contagiou dessa maneira?

– Como estão se portando as duas crianças? – pergunta alegremente Eliana, interrompendo a conversa – Sabem que vocês formam o par mais bonito que já vi?

– Você é muito gentil, Eliana – responde Fernando – mas o mérito é todo de Hermínia e eu, junto dela, apenas colaboro para que sua beleza mais ainda se realce.

Hermínia não sabe se deve se empolgar com essas palavras, pois – pensa – estaria Fernando tecendo um elogio a ela ou apenas querendo insinuar que qualquer um ao seu lado formaria um belo par, tentando atenuar a verdadeira intenção das palavras de Eliana? Por que será que ele não mais a quis se parecia amá-la tanto? E por que rompeu com ela tão de repente? Haveria outra mulher? Não, não poderia haver porque senão ele não estaria agora naquele baile. O que teria acontecido?

– Álvaro está conversando com um amigo que não vê há muito tempo e resolvi vir dar uma espiadinha em vocês. Espero não ter interrompido nenhuma conversa importante.

– De maneira alguma, Eliana – responde Hermínia. – Estava começando a contar para Fernando a respeito da nova peça que estou pensando em montar.

– Ah, sim. Você chegou a comentar alguma coisa comigo na semana passada, mas não me lembro bem. Será uma peça a respeito de Espíritos, não é?

– Espíritos? – pergunta Fernando, curioso.

– Sim. Uma peça a respeito da Doutrina Espírita.

– Ela é espírita agora, Fernando. Buuuuuuu! – brinca Eliana.

– Não deboche, minha amiga. O Espiritismo é uma doutrina muito séria e pretendo utilizar o teatro para divulgá-la.

– Álvaro não me disse nada – comenta Fernando. – Esta semana mesmo, fiz alguns comentários a respeito da possibilidade de comunicarmo-nos com os mortos e ele nada me disse sobre os seus conhecimentos, Hermínia.

– Não sei se Eliana comentou com ele a respeito da conversa que tivemos.

– Realmente, não comentei nada.

– Você se interessa por esse assunto, Fernando? – pergunta Hermínia, na esperança de que ele responda afirmativamente, pois vislumbra uma oportunidade de reaproximar-se dele. Já possui bastante conhecimento sobre o assunto ou, pelo menos, vê-se em condições de ensinar-lhe muita coisa.

– Bem...quero dizer...sim, tenho tido algum interesse. Na verdade, depois que papai morreu, comecei a pensar muito sobre isso porque não posso acreditar que tudo possa terminar com a morte do corpo físico, inclusive estive pensando se...bem...não sei se vou falar alguma asneira, mas pensei que talvez houvesse alguma forma de entrar em contato com ele e...

– É lógico que existe a possibilidade, Fernando! – afirma Hermínia, com empolgação.

– Cuidado, Hermínia, – pede Eliana – não vá prometer a Fernando algo que talvez não tenha condições de proporcionar-lhe. Você sabe muito bem o que penso sobre tudo isso e não gostaria de vê-lo sofrer uma decepção. Não sou tão ignorante sobre o assunto, pois apesar de Álvaro não se simpatizar muito com essa Doutrina, já li muito a respeito e uma coisa pude aprender nos livros: o telefone geralmente toca de lá para cá. Imagino que essa possibilidade possa existir, mas não somos nós que iremos determinar a um Espírito que venha se comunicar conosco.

– Ora, Eliana, o que é isso? Se tivermos fé, bastante fé, um pouco de paciência e muita perseverança...

– Só lhes peço que tenham cuidado para não se machucarem. Bem, vou ao encontro de Álvaro. Por que não entram e dançam um pouco?

– Já iremos, Eliana – promete Fernando. – Gostaria de conversar mais um pouco com Hermínia.

– Vocês é quem sabem. Até mais.

– Hermínia, – pergunta Fernando, após ficar novamente a sós com a moça – você acredita mesmo que há a possibilidade de eu ter notícias de meu pai? Sinto-me tão angustiado. Gostaria de, pelo menos, saber se ele está bem...

– O primeiro passo para isso, Fernando, você já deu: acredita na imortalidade e deseja essa comunicação.

– Mas pelo que entendi das palavras de Eliana, a iniciativa deve partir do plano espiritual e não do nosso.

– Tudo bem, mas por que não tentarmos? Se formos bastante persistentes, acredito que o mundo espiritual, que os Espíritos que controlam esse tipo de atividade, acabarão por nos atender, principalmente porque seu pai era um homem muito bom e deve ter condições de se comunicar conosco.

Fernando sente uma esperança muito grande naquele momento, principalmente pela maneira como tudo se encaminhava sem que ele tivesse tomado qualquer atitude a respeito, ou seja, já havia prometido a si mesmo tentar comunicar-se com seu pai, inclusive tendo revelado isso a Álvaro, porém não sabia como começar e agora, sem nada ter planejado, encontra-se com Hermínia, sua antiga namorada que parece lhe abrir uma porta para isso. Teria sido uma feliz coincidência, ou o destino lhe estaria reservando essa ventura? Fala a respeito disso à moça que, por sua vez, sente-se feliz, pois percebe uma grande oportunidade de reaproximar-se daquele a quem ama e passa a incentivá-lo cada vez mais.

– Acho que o primeiro passo, Fernando, é você se dedicar ao estudo da Doutrina Espírita para poder entender como as coisas funcionam, como é a vida nos planos espirituais mais ligados à crosta terrestre, como se efetua o relacionamento entre os dois planos, a sorte dos Espíritos após a desencarnação, os tipos de mediunidade, enfim, ter uma boa visão a respeito. Se quiser, posso auxiliá-lo.

– Gostaria imensamente, Hermínia. Você possui livros a respeito do assunto?

– Tenho, mas penso que poderíamos estudar juntos, pois tenho certeza de que, com a minha ajuda, você terá condições de entender tudo mais rapidamente.

– E eu lhe agradeço muitíssimo. Quando poderíamos começar?

– Vamos fazer o seguinte: amanhã mesmo vou lhe emprestar um livro com o qual já poderá iniciar-se no aprendizado.

– Que livro é esse?

– "O Livro dos Espíritos", de Allan Kardec, que foi quem codificou a Doutrina Espírita, compilando diversas comunicações de Espíritos em forma de perguntas e respostas. Tenho certeza de que irá gostar. Ao mesmo tempo, poderá ler "O Evangelho Segundo o Espiritismo", também de Allan Kardec, que lhe dará, sob a ótica do Espiritismo, os principais ensinamentos de Jesus, obra importantíssima, pois essa Doutrina, além de ser uma filosofia e uma ciência que para tudo tem uma resposta, é uma religião que nos liga a Deus, nosso criador. Logo em seguida, passarei para você algumas obras de André Luiz, psicografadas por Francisco Cândido Xavier, que lhe mostrarão, de maneira bastante clara e lógica, como é a vida no plano espiritual.

– Já ouvi falar desses livros.

– Além disso, gostaria de manter um contato semanal com você para elucidar as dúvidas que porventura venham a surgir-lhe.

– Fico-lhe muito grato, Hermínia. E quando poderemos começar?

– Amanhã mesmo. Passe lá em casa de manhã e lhe darei os livros. Aliás, papai e mamãe ficarão muito felizes com a sua visita. Depois combinaremos um dia da semana para estudarmos juntos.

– Então, amanhã passarei em sua casa.

Hermínia não cabe em si de tanta felicidade. Não consegue acreditar que irá ver Fernando toda semana. Meu Deus, pensa, será que conseguirei reconquistá-lo? Oh, por favor, me ajude, roga, exultante.

De repente, Fernando levanta-se de um salto, interrompendo a conversa.

– Um momento, Hermínia! Já volto! – exclama, saindo apressadamente em direção a uma escadaria que liga o terraço onde se encontram, a um jardim no andar térreo.

– Onde você vai? O que aconteceu? – pergunta a moça, sem obter resposta, pois Fernando já se encontra descendo rapidamente os degraus, procurando desviar-se das pessoas que sobem. Hermínia, sem nada entender, corre até a sacada, conseguindo ainda avistar o rapaz que sai pelos portões do clube.

– Mas o que foi que deu nele? – pergunta-se apreensiva, enquanto lentamente começa a descer também em direção à saída. Nesse momento, Fernando questiona o porteiro:

– Por favor, o senhor não viu para que lado foi uma moça loira, de cabelos curtos? Estava trajando um vestido preto...

– Aconteceu alguma coisa, meu rapaz? – pergunta-lhe o funcionário, preocupado com a estranha expressão de Fernando.

– Não...quer dizer...preciso encontrá-la. O senhor não viu para que lado foi?

– Desculpe-me, moço, mas está passando muita gente por aqui e a maioria das moças está de preto.

– A mais bonita... – insiste pateticamente Fernando.

– Desculpe-me, mas não sei lhe dizer.

– Obrigado – agradece, dirigindo-se até o meio fio e olhando para ambos os lados da rua – Meu Deus, ela estava aqui. Mas por que já foi embora? Será que vai voltar?

Fernando havia visto do terraço do clube a misteriosa moça do *shopping* quando esta e mais uma outra moça encaminhavam-se em direção à saída e, num incontido impulso, correra a fim de alcançá-la, porém sem sucesso.

– Tenho certeza de que era ela. Não posso ter-me enganado.

– O que aconteceu, Fernando? – pergunta Hermínia, já a seu lado.

O rapaz volve o olhar para ela, limitando-se a dizer, desculpando-se:

– Perdoe-me, Hermínia. Pensei ter visto um amigo que não vejo há muito tempo, saindo do clube. Como desejaria tê-lo alcançado...

Hermínia toma-o então pelas mãos, num convite para que retornem ao salão do baile, no que Fernando aquiesce, deixando-a romanticamente feliz com isso. Ao retornarem ao terraço, o rapaz procura recuperar a serenidade e recompor as descompassadas batidas de seu coração.

– Pode ser que esse seu amigo seja freqüentador deste clube – diz Hermínia – Quem sabe se começarmos a freqüentá-lo, você não possa vir a encontrá-lo?

Fernando parece não estar prestando muita atenção no que diz a moça, irrompendo com uma pergunta:

– Diga-me uma coisa, Hermínia: sei que o Espiritismo

prega a reencarnação como forma de aprimoramento espiritual, onde o retorno ao mundo físico possibilita que os Espíritos voltem a conviver geralmente com aqueles a quem são devedores a fim de que possam ressarcir seus débitos ou, então, retornam com destinos que lhes sirvam de aprendizado naquilo que mais falharam na encarnação anterior, ou seja, existe toda uma gama de aprendizado nas diversas encarnações por que passa. É mais ou menos isto, não é?

– Sim. Fernando. Vejo que já possui algum conhecimento a respeito do assunto.

– Andei lendo alguns livros, especialmente romances e penso ter aprendido alguma coisa, principalmente no tocante às leis de causa e efeito afetas à teoria reencarnacionista que julgo ser a mais condizente com a justiça e a bondade de Deus. Mas o que realmente gostaria de saber é se, porventura, de alguma forma, um Espírito reencarnado pode lembrar-se de algum outro que lhe cruze o caminho numa nova vida.

– Muitas vezes, Fernando, um Espírito reencarnado, sem compreender o porquê, sente uma grande simpatia, até mesmo um forte sentimento de amor por outros Espíritos, também reencarnados, por causa da grande afinidade que passaram a ter depois de conviverem em vidas passadas. Outra vezes, da mesma maneira, chegam a possuir incompreensíveis sentimentos de ódio, por tristes acontecimentos, também do passado.

– E você acha que isso vem explicar aquilo que, comumente, denominamos de antipatias ou então amor à primeira vista?

– Com toda a certeza – responde Hermínia, bastante animada com o rumo da conversa, pensando tratar-se de uma curiosidade de Fernando quanto ao amor que um dia dissera sentir por ela. Porém, Fernando, na verdade, está pretendendo uma explicação a respeito de seu inexplicável sentimento pela moça que vira no *shopping* e que a cada dia que passa sente mais intensamente ocupar-lhe o coração.

– E você acha que esse amor à primeira vista pode ser recíproco?

Hermínia sabe que não, necessariamente, mas prefere afirmar, em seu próprio proveito.

– Tenho plena convicção disso. Mas por que a pergunta?

Fernando, por sua vez, não pretende relatar ainda o que está lhe sucedendo.

– Por nada, Hermínia. Foi algo que me ocorreu agora.

– Você, por acaso, já sentiu alguma vez antipatia gratuita, sem entender o porquê ou um amor à primeira vista? – insiste a moça, lembrando-se de que Fernando quando a conhecera, logo quis namorá-la.

– Você está ouvindo essa música? – disfarça o rapaz. – É a minha preferida. Vamos dançar?

– Vamos, sim – concorda Hermínia, percebendo que talvez ainda seja um pouco cedo para tentar entabular assunto tão delicado, mas sente-se feliz com o rumo que as coisas estão tomando e, radiante de esperança, acompanha Fernando que gentilmente oferece-lhe o braço, levando-a de volta ao salão.

IV

– Soares, você já deixou o mundo material e agora pertence ao verdadeiro plano da vida, que é o espiritual, e agradeça a Deus por ter tido uma desencarnação amena e suave, auxiliado que foi por uma equipe socorrista e trazido para esta Colônia de Socorro que se encontra nas imediações da Terra, a serviço do Cristo. Pode ter a certeza absoluta de que isso somente foi possível, graças aos atos caridosos por você praticados, quando de sua última romagem física.

– Tenho tantas dúvidas, tantas perguntas a fazer...

– Pode ter a plena certeza de que todas elas lhe serão respondidas, tão logo tenha alta deste tratamento e passe a freqüentar a nossa escola de readaptação.

– Freqüentarei uma escola, aqui?

– Sim. É necessário que readquira os seus poucos conhecimentos sobre as verdades da vida que, um dia, momentaneamente, caiu-lhe no esquecimento mental, mas que permaneceram incólumes, de maneira latente, em sua bagagem espiritual. Novas verdades também lhe serão transmitidas para que possa aprofundar-se um pouco mais nas questões evolutivas do Espírito, filho de Deus e herdeiro do Universo.

– Meu Deus...não podia imaginar. Mas... o irmão me disse que tive o merecimento de ter sido socorrido por uma equipe,

tendo, dessa maneira, uma desencarnação amena, por causa de meus atos de amor ao próximo...

– Sim...

– Quer dizer que outros Espíritos ou alguns outros Espíritos não têm esse tipo de auxílio?

– Realmente, irmão Soares. Como já lhe disse, todos nós somos artífices de nosso destino. Alguns, como você que, apesar de nunca ter seguido nenhuma religião terrena, sempre praticou o bem ao próximo, teve o merecimento de ser auxiliado por irmãos afins com o mesmo ideal. Por outro lado, muitos de nossos irmãos encarnados optam em preocuparem-se apenas com o seu próprio bem-estar e é evidente que receberão outro tipo de recepção, principalmente por parte daqueles que sempre comungaram com os seus ideais inferiores.

– E o que acontece com eles no momento de sua desencarnação?

– Uns, demoram-se algum tempo para despojarem-se de seus próprios corpos físicos, tão ligados estão ao egoísmo e à vaidade a respeito de suas vestes carnais. Lembre-se que, no momento de sua desencarnação, vários fios que o prendiam como Espírito ao corpo, foram rapidamente desligados. Pois bem. Aqueles que se importam tão-somente com a matéria, nesse momento da partida têm dificuldade nesse desligamento. Suas próprias mentes, extremamente ligadas à exagerada importância que dão às coisas materiais, em detrimento às coisas do Alto, principalmente no tocante ao cumprimento dos ensinamentos de Cristo, propiciam uma forte ligação entre os próprios átomos de seus corpos materiais e espirituais, dificultando o desligamento, sendo, para eles, de grande sofrimento físico essa separação. Outros, tão imantados estão a Espíritos que se lhes assenhoreiam durante quase toda uma vida os desejos mais vis e mesquinhos, por eles são aprisionados e levados à continuidade de seus próprios descaminhos em regiões que abrigam cidadelas ou aglomerados espirituais nos lamaçais trevosos do vício e da criminalidade.

– Essas regiões seriam parte do que se costuma denominar de inferno? – perguntei, gravemente abismado.

– Até poderia ser chamado por esse nome, já que os homens idealizaram esse inferno a partir das lembranças de suas sombrias passagens por essas paragens, com a única diferença que nada há de eterno nesses sofrimentos, haja vista que Deus, Nosso Pai, é todo bondade e sempre oferece novas oportunidades para aqueles que demonstram arrependimento e sincero desejo de modificar o rumo de suas vidas. Outros tantos Espíritos, meu caro irmão Soares, que não chegaram a praticar atos de maldade voluntária, mas que se encontram extremamente apegados às coisas materiais e, até mesmo, a Espíritos encarnados, após toda a dificuldade de se desvencilharem do corpo físico, ficam a viver perambulando lado a lado com suas predileções da matéria ou junto a pessoas pelas quais sentem doentio sentimento de posse, na maioria das vezes, sem se aperceberem de que já não fazem mais parte do mundo material, vivendo num estado quase que sonambúlico, como se estivessem vivendo um sonho que, muitas vezes, revelam-se como verdadeiros pesadelos. Quase sempre, muitos Espíritos a eles ligados pelos laços reencarnatórios do passado e que lhes devotam muito amor, procuram auxiliá-los, porém não conseguem ser visualizados por eles, já que suas vibrações encontram-se circunscritas ao plano material e nada conseguem detectar do plano espiritual.

– E podem permanecer por muito tempo nessa situação?

– Muitas vezes por vários anos e, mesmo, séculos, até que o tempo se incumba de abrir os seus corações para as sublimes vibrações que, um dia, lhes foram implantadas na alma, filhos que são do mesmo Pai Celestial. Há casos, também, em que os Espíritos encarregados de auxiliá-los conseguem, através da intuição, conduzi-los até algum local apropriado, onde impere o verdadeiro amor, para que, com o auxílio de fluidos emanados de corações elevados possam fazê-los sentir a presença de irmãos que querem auxiliá-los. Geralmente, esse tipo de trabalho é realizado em Centros Espíritas onde, além do manuseio dos fluidos existentes no ambiente, doados pelos irmãos encarnados

ali presentes, Espíritos sofredores para ali são encaminhados para que, através da comunicação mediúnica, sejam devidamente auxiliados.

– O que vem a ser essa comunicação mediúnica? Já ouvi falar disso.

– Na verdade, irmão Soares, todos os Espíritos encarnados possuem algum grau de mediunidade, através da qual normalmente ocorre o intercâmbio entre os dois planos da vida. É por ela que os Espíritos encarnados vivem constantemente em ligação com Espíritos desencarnados, afins a eles, onde o Bem ou o mal podem ser sugeridos através da intuição, haja vista a grande atração existente entre as criaturas dos dois planos, atração esta proveniente dos sentimentos que, um dia, no passado, ligaram-nos nos caminhos ou descaminhos da jornada. No caso da comunicacão mediúnica, o que ocorre é que muitos Espíritos que vivem encarnados na Terra possuem essa mediunidade um pouco mais desenvolvida, servindo de ponte de ligação com o Plano Espiritual, na maioria das vezes através da mediunidade psicofônica, em que Espíritos desencarnados utilizam-se da fala dos médiuns para se comunicarem e, evidentemente, fazerem-se notar, falando sobre os seus problemas ou suas aspirações, conseguem ser aconselhados por uma outra pessoa que com eles entabula uma conversação sadia e elucidativa. Inclusive, conseguem fazer com que eles, abrindo o seu coração ao arrependimento sincero ou à vontade de se modificarem, consigam visualizar outros Espíritos de seu próprio plano que podem, então, encaminhá-los no rumo certo, muitas vezes, levando-os a Colônias de Socorro, como esta aqui. Outros tantos médiuns existem que conseguem transmitir as mensagens do mais além, através da psicografia, ou seja, através da escrita, mecanicamente, quando o médium empresta a sua mão como se esta fosse um apêndice do Espírito comunicante, ou de maneira intuitiva, quando o médium permite que os pensamentos do outro desfilem por sua mente, transmitindo-os, então, para o papel. Tam-

bém o fenômeno da mediunidade psicofônica, pode ocorrer através da intuição.

– E quanto àqueles que chegam a ver Espíritos desencarnados como nós?

– Ah, sim, esses são os médiuns videntes que entram em sintonia com o plano espiritual, conseguindo enxergar, tanto os Espíritos desencarnados, como, muitas vezes, o próprio ambiente que lhes cercam.

– Irmão Ulysses, gostaria muito de saber a respeito do paradeiro de minha esposa Clarice. Ela deixou o mundo físico há quase três anos, levando-se em conta todo o tempo que passou desde que vim para cá.

– Soares, você precisará ter um pouco de paciência e, como já lhe disse, aprender mais sobre este nosso plano e outras considerações sobre a vida espiritual. Aí, então, terá condições de realizar incursões para outros lugares e contatos com Espíritos mais elevados.

– Como assim? Minha esposa não se encontra aqui? – perguntei, preocupado.

– Não, Soares. Sua esposa Clarice encontra-se numa dimensão mais evoluída, visto ser um Espírito de avançadas qualidades.

Lágrimas de felicidade novamente irromperam de meus olhos diante dessa revelação. Realmente, minha esposa sempre demonstrara virtudes bem acima das de outras pessoas, onde a paciência, a tolerância, o amor ao próximo e o desapego das efemeridades foram uma constante em sua vida. Que alegria senti, apesar de perceber pouca probabilidade de encontrar-me com ela naquele momento.

– Mas terei a oportunidade de revê-la? – perguntei.

– Sim, Soares. Um dia, ela virá ao seu encontro. Pode ter

a certeza de que ela lhe devota muito amor e o auxiliará muito com suas preces e vibrações.

– E minha filha Alzira e meu genro? Gostaria de saber notícias deles.

– Pelas últimas notícias que tive, estão muito bem. Aliás, são Espíritos que já se encontram em avançada posição evolutiva, se comparados à maioria dos que habitam a Terra, sendo, inclusive, entidades afins, de outras encarnações que, há algum tempo, vêm se reencarnando ligadas a laços de consangüinidade. O irmão não precisa preocupar-se com eles, pois ambos possuem vários simpatizantes neste plano que muito os têm auxiliado, quando necessário.

– Sinto muita saudade.

– A saudade, Soares, é um sentimento natural e de forma alguma prejudicial, pois traduz humildade e reconhecimento. Humildade no enaltecimento do próximo por quem a sentimos, ao mesmo tempo em que denota um reconhecimento de suas qualidades. O que devemos evitar em nosso coração é o amor possessivo que escraviza, imantando mentes umas às outras, num processo obcecante. Por isso, procure emitir vibrações de real amor àqueles a quem ama e que se encontram distantes para que elas os alcancem e os contagiem com muita paz e serenidade. Dessa maneira, seus sentimentos transformar-se-ão em bênçãos de dupla finalidade auxiliadora, beneficiando seus entes queridos e a você próprio.

Neste ponto de nossa conversação, já sentia-me mais calmo e animado, porém muitas e muitas dúvidas assaltavam-me a mente, desejando fosse possível tudo aprender naquele momento, num só jato de informações, porém sabia que isso era impossível. Deixei de lado, então, as perguntas sobre as quais sabia poder obter respostas quando cursasse a escola que Ulysses me falara e procurei tomar conhecimento sobre coisas que mais me fossem necessárias no momento.

– Perdoe-me, Ulysses, por tantas perguntas, mas gostaria de saber mais sobre esta Colônia de Socorro em que me encontro.

– É bastante natural essa sua curiosidade e não precisa desculpar-se. Quando aqui cheguei há já algum tempo, também tive essa ânsia de a tudo conhecer. Pode perguntar, meu irmão. Ainda tenho mais alguns minutos à sua disposição, depois dos quais, terei que retornar às minhas outras funções, enquanto o amigo procurará descansar até a hora de sua próxima alimentação. Mais à noite, voltarei a vê-lo, juntamente com o irmão Flávio.

– Bem...não sei nem por onde começar...diga-me: esta Colônia de Socorro restringe-se a apenas este hospital?

Ulysses sorriu ante minha ingenuidade e respondeu-me, solícito:

– Não, Soares. Este hospital é apenas uma parte desta Colônia que possui muitas outras dependências, tais como escola, biblioteca, confecção de roupas, móveis e equipamentos, além de muitas áreas destinadas aos diversos serviços pertinentes a este local, inclusive áreas de lazer, onde também são proferidas elucidativas palestras aos moradores e trabalhadores daqui. Na verdade, somos como uma cidade, tal como você conhece.

– Também alimentação? – perguntei, diante de tal revelação.

– Como não? Muitos Espíritos, assim como você, ainda não conseguiram libertar-se da alimentação mais materializada e, até que consigam adaptar-se a novas outras formas de manterem seus organismos, necessitam de alimentos mais sólidos que aqui mesmo produzimos.

– Somente agora dei-me conta de que alimentei-me como quando encarnado, com a única diferença de que apenas um caldo como o que me foi dado tomar, pareceu alimentar-me mais

do que uma farta refeição da crosta terrestre. Mas, sinceramente, nunca poderia imaginar que, após a morte, continuássemos a ter um corpo assim tão sólido, tão palpável e ainda necessitado de cuidados. Que matéria é essa que envergamos?

Ulysses, mais uma vez, sorriu de meu total desconhecimento e, principalmente, de minha estupefação diante de tantas novidades, respondendo-me atenciosamente:

– Tudo isso o irmão irá aprender na escola de readaptação de que lhe falei, mas vou procurar, resumidamente, esclarecer-lhe alguma coisa a respeito deste nosso corpo. Todos nós, Soares, fomos criados por Deus, simples e ignorantes e a nossa meta é a de elevarmo-nos até planos mais altos, através da prática do Bem. Agora, o que você precisa aprender, em primeiro lugar, é que a verdadeira vida é a espiritual, através de todos os seus diversos planos. Este que ocupamos no presente momento é um dos mais inferiores, junto à crosta terrestre e outros mais inferiores ainda existem. Da mesma maneira, a partir deste nosso, muitos outros, cada vez mais elevados física e moralmente, existem numa constante caminhada em direção à verdadeira felicidade. Mas vamos nos abster em aprender o que ocorre neste plano espiritual em que nos localizamos agora e que é tutelado e governado por superiores Espíritos desta e de outras tantas dimensões. Compreenda que, fisicamente, a única diferença entre nós e os Espíritos encarnados é o corpo mais materializado que vestem.

– E este aqui? – perguntei, indicando o meu próprio corpo.

– Vou lhe explicar. Na verdade, tudo o que existe no Universo é formado, é constituído pelo fluido cósmico, também chamado de fluido universal que nada mais é do que o elemento primordial de tudo. Esse fluido universal, na verdade, é o plasma divino, o hausto do Criador ou força nervosa do Todo-Sábio onde vibram e vivem constelações e sóis, mundos e seres, como se fossem peixes no oceano.

– Perdoe-me a interrupção, irmão Ulysses, mas gostaria

de saber se os espíritas, aqueles que freqüentam os Centros Espíritas na Terra, sabem disso.

– Os que estudam a Doutrina Espírita sabem, pois possuem literatura fidedigna a respeito, tais como as Obras Básicas de Allan Kardec e toda uma coleção de nosso irmão André Luiz, psicografada pelo médium Chico Xavier. Inclusive tudo isto que lhe falei, encontra-se muito bem explicado no livro "Evolução em Dois Mundos", *de André Luiz.*

– E esse fluido universal a tudo constitui, inclusive os próprios átomos, seus elétrons, prótons e nêutrons?

– Sim. O que ocorre, Soares, é que tudo o que existe na Terra, no plano dos homens, que é formado por átomos que, por sua vez, são constituídos pelo fluido universal, possui a característica de uma determinada vibração, uma determinada freqüência própria daquele plano. No nosso caso, tudo o que existe aqui neste plano espiritual também é formado por átomos, só que em faixa vibratória diferente, em freqüência diferente, mas que, na verdade, ainda não deixa de ser matéria, só que em outra dimensão, se dessa maneira lhe facilita o entendimento.

– Estou entendendo. Mas o irmão disse que existem outros planos espirituais...

– Sim e também em outras e diversas faixas vibratórias, de acordo com a evolução dos Espíritos que os habitam. Quando um Espírito reencarna, ele nasce no mundo material da Terra vestindo um corpo mais denso que o seu perispírito.

– Fale-me mais sobre esse perispírito.

– O perispírito, também formado pelo fluido universal, nada mais é do que o corpo espiritual, ou seja, o corpo que temos no plano espiritual. É esse corpo que você e eu estamos envergando e ele varia, como já disse, de acordo com a faixa vibratória na qual está situado, ou seja, em planos mais evoluídos ou mais elevados ele possui uma vibração mais, digamos assim, sutil. Da mesma maneira, em planos inferiores, ele possui uma vibração que o

torna mais denso, mais pesado. Quando um Espírito reencarna, o perispírito sofre um tipo de restringimento como se fosse uma semente que, inserindo-se no óvulo fecundado, irá promover o desenvolvimento do feto, cópia que é de seu próprio perispírito. Melhor dizendo, o corpo material que abriga o Espírito encarnado obedece à forma e características delineadas pelas informações contidas no perispírito que, por sua vez, já obedeceu a uma programação vinda de sua bagagem espiritual. Essa bagagem leva em consideração todas as informações no Espírito registradas, em consonância com as leis de causa e efeito, fruto das ações do passado que definirão uma linha mestra para os seus passos no futuro, logicamente, modificáveis pelo seu livre-arbítrio. Dessa maneira, fácil de se entender que o corpo terrestre nada mais é do que uma cópia do perispírito e que este é o elemento que une o Espírito ao corpo. Quando o Espírito desencarna, ele continua a possuir o corpo perispiritual que, conforme a gradação moral atingida, o situa em planos condizentes com a faixa vibratória desse corpo.

– Inclusive carregando consigo as moléstias e deformidades que adquiriu quando encarnado?

– Na maioria das vezes, sim. Vou tentar explicar-lhe de uma maneira bem simples. As doenças ou deformidades, se congênitas, geralmente provêm das informações do próprio perispírito e que refletir-se-ão no corpo terreno, já que este nada mais é do que uma cópia do primeiro. As adquiridas, posteriormente, sejam doenças ou deformidades, refletir-se-ão, por sua vez, no perispírito, podendo-se afirmar que boa parte delas eclodem de dentro para fora. São as denominadas psicossomáticas, ou sejam, são fruto de sentimentos daninhos como a inveja, a cobiça, o ódio, o egoísmo que, além de prejudicarem o Espírito moralmente e de prejudicarem a outrem, pelas suas conseqüências, em muito comprometem fisicamente o perispírito, nos mais variados órgãos fisiológicos, como pulmões, fígado, rins, estômago, encéfalo, etc. que, por sua vez, ocasionarão o mesmo prejuízo ao corpo mais materializado. Em alguns *casos, quando o Espírito encontra-se em estado de evolução mais sublimada, os problemas corpóreos, de ordem, muitas vezes, expiatórias, não chegam a comprometer o corpo espiritual, principalmente se esses males não tiverem tido como causa a culpabilidade desse Espírito. Outras tantas vezes, após o comprometimento do corpo espiritual, essas seqüelas podem ser dissipadas, tendo em vista a nova postura moral propiciada pelo livre-arbítrio.*

– E existem deformações muito horrendas no plano espiritual?

– Sim e muito bem lembrado, Soares. Na verdade, o perispírito, como você já deve ter percebido, é bastante plasmático, podendo tomar as mais diversas formas, ou comandadas pela própria mente do Espírito ou obedecendo, sem o seu controle, ao grau de desenvolvimento moral que detém. Por esse motivo, casos há em que, dentro dos padrões de beleza externa considerados por nós, um Espírito de rara beleza, quando encarnado, poderá apresentar-se incrivelmente deformado em sua estrutura corporal e fisionômica, após sua desencarnação, ao passo que muitos com disforme aparência física, poderão no mais além, exteriorizar a personificação do belo, fruto de suas vibrações mais sublimes e nobres.

– Irmão Ulysses, você falou sobre confecção de roupas, de equipamentos e uma grande curiosidade surgiu-me agora: como os Espíritos desencarnam? Nus?

– Quando um Espírito desencarna, seu corpo perispiritual, como já lhe expliquei, possui uma forma, uma aparência, de conformidade com os reflexos de seu corpo físico e, também, aparentando as suas vibrações mentais positivas ou negativas. Da mesma forma, sua aparência, no que concerne ao seu vestuário, poderão refletir essas mesmas vibrações, vindo plasmadas como um apêndice de seu perispírito. Isso pode ocorrer, também, de acordo com uma idéia, presente em seu íntimo, a respeito das roupas que ele gostaria de estar utilizando ou,

mesmo, levando ele em consideração, a visão que teve de suas últimas vestimentas, sejam, por exemplo, os pijamas utilizados num hospital, sejam as vestes vistas por ele durante o seu próprio sepultamento. Poderá, ainda, ser obrigado a utilizar-se de trajes fornecidos por entidades malévolas que comandam regiões trevosas, ou mesmo, sofrer deformações plasmáticas através da hipnose constritora.

– Entendi, mas e quanto às roupas que são confeccionadas aqui nesta Colônia de Socorro? Seria por uma questão de uniformização? Não poderiam ser plasmadas também?

– Em primeiro lugar, tanto as vestes como todos os outros elementos por nós confeccionados, obedecem a padrões estruturais mais efetivos do que algo plasmado mentalmente nesta faixa vibratória em que se encontra esta Colônia, além do que, favorece o Espírito, ainda em baixo grau de evolução, na sublime prática do trabalho, tão importante para o seu aprimoramento, no esforço dirigido à construção do bem comum.

– Entendo.

– Bem, Soares, tenho agora que continuar o meu trabalho. Procure descansar. Amanhã de manhã receberá a visita de Flávio que o levará para conhecer as demais dependências deste hospital e alguns setores desta Colônia, assim como o apresentará ao Diretor de nossa escola, a qual brevemente poderá freqüentar.

– Deus lhe pague, irmão Ulysses, por tanta atenção para comigo. Farei o possível para não decepcioná-lo.

– Tenho plena certeza disso, querido irmão.

V

– Entre, Fernando – convida seu Getúlio, pai de Hermínia. – Há quanto tempo, meu rapaz! Que alegria em revê-lo!

– Como está passando o senhor? – responde Fernando, abraçando-o efusivamente. Gostava muito daquele homem que também nutria um grande carinho por ele e que sentira muito quando do rompimento de seu namoro com a filha.

Ainda continuam abraçados quando entram na casa.

– Ivone! Ivone! Venha ver quem está aqui. Quem veio nos visitar. Hermínia! Hermínia, minha filha, venha até a sala – chama Getúlio, com entusiasmo, a esposa e a filha que se encontram no pavimento superior daquela mansão onde moram, ladeada por enormes árvores no lado interno dos altos muros que a cercam. Jonas, o segurança, da guarita do portão de entrada, acompanha-os satisfeito, pois aprendera a gostar de Fernando que, por algum tempo, havia freqüentado aquela casa com certa freqüência.

– Fernando! – exclamam, quase em uníssono, Ivone e Hermínia do alto do mezanino, após saírem de seus quartos, atendendo ao apelo de Getúlio. Descem as escadas rapidamente e dona Ivone é a primeira a alcançar o rapaz, abraçando-o alegremente, enquanto Hermínia fica aguardando a sua vez, toda sorrisos, a externar a sua indisfarçável alegria.

– Que bom que você veio, Fernando. Já estava com saudades.

– Minha filha contou-me a respeito do baile – comenta dona Ivone, também aparentemente satisfeita com aquela visita, pois queria ver a filha feliz novamente e sabia o quanto ela ainda amava o jovem.

– Oh, sim, conversamos muito ontem.

– Mas a que devemos o enorme prazer de sua visita? – pergunta seu Getúlio.

– Vim buscar alguns livros que Hermínia prometeu arrumar-me e talvez conversar um pouco.

– Um pouco? Não. Você vai ficar para o almoço – afirma a moça, pegando Fernando pelo braço e fazendo-o sentar-se num sofá, acomodando-se, logo em seguida, ao seu lado. Seu Getúlio e dona Ivone os imitam, sentando-se em poltronas defronte deles.

– Sentimos muito a sua falta. Penso que faz mais de um ano que não o vemos. Inclusive, quando seu pai faleceu, eu e Getúlio estávamos na Europa, aliás, para dizer a verdade, chegamos no dia do sepultamento, porém à noite. Hermínia foi quem nos informou, pois esteve presente no funeral. Pensamos em fazer-lhe uma visita, mas infelizmente, você sabe, meu marido é muito ocupado e fomos prorrogando, prorrogando, até que...bem...você está aqui hoje e estou muito satisfeita em vê-lo, assim, tão bem.

– Ainda sinto muitas saudades do velho, dona Ivone. Éramos muito ligados, a senhora sabe.

– Você mora sozinho?

– Sim, seu Getúlio. Não tive coragem de mudar-me da casa onde sempre morei.

– Poderia, pelo menos, convidar algum amigo para morar com você.

– Já pensei nisso, mas temo não adaptar-me, sabe? Prefiro continuar morando só.

– Mas pretende casar-se um dia, não? – pergunta propositalmente dona Ivone, na intenção de perscrutar as intensões atuais do rapaz.

– Talvez, dona Ivone. No momento, não tenho compromisso com ninguém.

Hermínia sorri intimamente ao ver confirmarem-se suas esperanças de que Fernando não estivesse namorando. Porém, o que ela não sabe é que o rapaz, nesse dia, levantara-se mais apaixonado ainda pela jovem misteriosa e que havia permanecido, por mais de uma hora, a contemplar as fotos que dela tirara. Por que sentia tão forte sentimento por alguém que vira por uma única vez? – pensava todos os dias, principalmente nos momentos em que percorria aquele *shopping* e suas imediações, intentando encontrá-la novamente. Quase o conseguira no baile, mas não teve sorte. E o que faria quando conseguisse realmente encontrá-la? Deveria falar-lhe? Ou deveria apenas segui-la para saber onde morava, onde trabalhava ou o que fazia? E desesperava-se quando lhe assaltava uma dúvida, cada dia mais fortemente: seria ela casada ou teria um namorado que amasse tanto quanto ele a amava?

– Hermínia disse-me que você está interessado em aprender a Doutrina Espírita. Por causa de seu pai, Fernando?

– Sim, seu Getúlio. Como disse a Hermínia, não consigo conformar-me com a morte de papai e principalmente pelo fato de não saber o que lhe poderá estar acontecendo ou onde poderá encontrar-se. Fico angustiado com essas interrogações. E por uma feliz coincidência, Hermínia contou-me sobre o seu novo ideal, a Doutrina Espírita, e que há uma chance de eu comunicar-me com papai, através de um trabalho mediúnico.

– Pode ser – concorda dona Ivone.

– Tenho certeza de que conseguiremos, mamãe.

– Mas para tanto, necessito, pelo menos, ter uma base, um pouco mais de conhecimento sobre essa Doutrina para poder entender o que pode estar acontecendo com papai e daí, então, tentar uma comunicação. Por esse motivo é que vim até aqui.

Hermínia prometeu emprestar-me alguns livros a respeito do assunto.

– Hermínia abraçou com muito amor essa Doutrina dos Espíritos e pretende divulgá-la através do teatro. Ela já deve ter dito isso a você.

– Sim, ela falou-me. E a senhora e seu Getúlio? Também acreditam no Espiritismo?

– Tenho lido alguns livros que Hermínia me indica e, sinceramente, tenho gostado muito. Vejo muita clareza em seus ensinamentos e muita lógica e justiça. Pelo menos, até agora, não consegui encontrar em outra religião todas as respostas que a Doutrina Espírita oferece. Getúlio também tem lido, apesar de bem menos, por exclusiva falta de tempo. Ele é muito ocupado.

– Bom dia para todos – cumprimenta rapidamente um moço de pouco mais de vinte anos que passa pela sala e dispara pela escada em direção ao andar superior. É Régis, irmão de Hermínia.

– Régis – chama dona Ivone, embaraçada – não viu quem está aqui? É Fernando.

– Oi, Fernando – cumprimenta sem entusiasmo algum, na verdade de maneira bastante enfadonha, como que a cumprir uma obrigação imposta a ele, ali, naquela hora.

– Tudo bem, Régis? – pergunta Fernando, também visivelmente embaraçado com a situação.

O rapaz limita-se a fazer um sinal de positivo com o polegar para cima, continuando a subir as escadas.

– Desculpe meu irmão, Fernando. Ultimamente ele anda um tanto estranho, sabe?

– Percebi, mesmo. Antigamente éramos tão amigos!

– Não sei o que tem esse rapaz... – lamenta-se seu Getúlio. – Não lhe falta nada, nem mesmo carinho, pois somos uma família muito unida e até muito alegre. Já tentei conversar com ele na tentativa de fazê-lo abrir seu coração, expor os seus problemas, mas ele diz que não tem nada, disfarça e foge do diálogo.

– Também não consigo descobrir o que se passa com ele. Régis sempre foi uma pessoa bastante amável, extremamente educada e, de repente, parece estar constantemente mal-humorado, com o pensamento longe da realidade... A gente fala e parece que ele não ouve. Tem-se que repetir tudo. Inclusive nos estudos parece-me não estar mais indo tão bem, como antigamente. Não sabemos mais o que fazer, Fernando.

– Ele não tem amigos, dona Ivone?

– Sinceramente, não sei. Antigamente ele possuía vários colegas que freqüentavam muito nossa casa, mas aos poucos foram se distanciando.

– E se vocês os procurassem para saber por que motivo se afastaram? Talvez consigam descobrir alguma coisa.

– É uma ótima idéia, – concorda Getúlio – talvez esse seja um caminho.

– Também acho. Você conhece os antigos amigos de Régis, Hermínia?

– Alguns, mamãe. Se a senhora e papai concordarem, poderei tentar descobrir alguma coisa. Também achei muito boa a idéia de Fernando.

– Se precisarem de alguma ajuda, sabem que podem contar comigo. Realmente, notei que ele mudou muito. No passado, sempre fazia festas quando me via.

– Sabe o que me parece, Fernando? Sinto que ele quer romper com tudo o que lhe diz respeito ao passado.

– Não penso assim, minha filha.

– Pois eu penso, mamãe. Pode notar: ele foge de todos nós, de todos os seus antigos amigos e ninguém consegue viver sozinho, sem outras pessoas. É muito difícil. Por isso penso que ele deve ter outros amigos que não conhecemos e acho que devemos tentar descobrir quem são.

– Estou de pleno acordo com Hermínia – concorda seu Getúlio – Aliás, já pensei até em contratar alguém para vigiá-lo e ver o que faz.

– Vigiá-lo, Getúlio?! – exclama, surpresa, dona Ivone.

– Isso mesmo, Ivone. Conheci muitos pais que por não se preocuparem ou preocuparem-se tarde demais, acabaram perdendo os seus filhos, muitas vezes no vício ou com más companhias e eu não quero correr esse risco. Como já disse, tentei conversar com Régis, mas sem sucesso. Dessa maneira, não vejo outra alternativa.

– Então espere, papai, eu conversar com seus antigos amigos.

– Tudo bem – concorda seu Getúlio com o semblante bastante preocupado. Dona Ivone que, até o momento de o filho chegar estava alegre e expansiva, agora enxuga furtiva lágrima e tenta disfarçar com um sorriso.

Fernando sente-se embaraçado por toda aquela situação e tenta desvencilhar-se quanto ao convite de ali permanecer para o almoço, o que lhe é peremptoriamente negado por dona Ivone, que desculpa-se pelo assunto desagradável, ao mesmo tempo em que lhe promete um dia diferente e ameno em seu lar, o que faz o moço aceitar, principalmente pelo tom de súplica da senhora e de seu Getúlio.

– Bem, vocês dois fiquem conversando aqui na sala que vou providenciar para que o almoço saia a contento. Você vem comigo, Getúlio? – convida com a intenção de deixar os dois jovens sozinhos.

– Vou, sim. Com licença, Fernando.

Ficando a sós, Hermínia tenta deixar o rapaz à vontade.

– Não fique constrangido, Fernando. Sei que tudo será resolvido. Meu irmão é um moço muito bom e tenho plena certeza de que tudo isso não passa de algum contratempo em sua vida, talvez algum amor não correspondido ou mesmo alguma perturbação em seus estudos. Acho que papai esteja até exagerando nessa idéia de vigiá-lo.

– Tomara que sim, Hermínia e, como já disse, se precisarem de mim para alguma coisa, terei imenso prazer em auxiliar.

– Mas vamos falar de coisas positivas, agora, como por exemplo, a de que tenho uma grande intuição de que iremos contactar com seu pai.

O semblante de Fernando desanuvia-se com as palavras da moça.

– Você acha mesmo? Já viu acontecer isso outras vezes, com outras pessoas?

– Sim. Quer dizer, não precisamente no Centro Espírita que freqüento, mas sei de outras casas em que isso é bastante comum.

– E por que não no Centro que freqüenta?

Hermínia pensa um pouco antes de responder:

– Talvez pelo tipo de trabalho que é realizado lá.

– Não entendo.

– Bem, o dirigente do meu Centro, seu Armando, não costuma invocar contatos com Espíritos pré-determinados. Ele simplesmente atende aos que lá vão por livre e espontânea vontade, alguns na intenção de nos comunicar mensagens de otimismo e de amor, outros, à procura de auxílio por acharem-se ainda desorientados, após a desencarnação; outros tantos, compulsoriamente levados por Espíritos elevados, com o intuito de socorrê-los. Porém, conheço alguns locais de trabalho onde os dirigentes conseguem entrar em contato com Espíritos que eles solicitam a presença.

– E o que seu Armando diz a respeito desse outro tipo de trabalho? Ele tem algo contra?

– Bem, diz ele que não devemos solicitar a presença de

determinado Espírito, pois acha que a iniciativa da comunicação deve partir do plano espiritual.

– E você não pensa assim?

– Ainda não possuo uma opinião formada a respeito e já participei de outros tipos de trabalho onde os médiuns são pessoas extremamente sérias e que realizam um intercâmbio, sendo que a iniciativa parte deste lado e vi comprovações muito convincentes entre fatos anunciados pelos Espíritos comunicantes em que os familiares concordaram plenamente, alicerçando, dessa maneira, a veracidade da comunicação.

– E é nesse tipo de trabalho que iremos?

– Sim, mas temos que ter um pouco de paciência, pois existe uma fila de pessoas aguardando uma oportunidade e teremos, obviamente, que aguardar a nossa vez. Colocarei o seu nome na lista de espera. Quando nos chamarem, faremos o pedido.

– E enquanto isso?

– Enquanto isso, peço-lhe que estude a Doutrina Espírita, pois sei que está muito interessado e sei também que lhe fará um grande bem, assim como fez a mim. Além do mais, é importante que conheça o mecanismo do intercâmbio espiritual para poder entender melhor o que ocorre, assim como entender os diversos tipos de comunicação que, porventura, venham a ocorrer.

– Agora, gostaria de lhe confessar algo.

– Fale.

– Tenho muita vontade de comunicar-me com meu pai, mas tenho um pouco de medo.

– Medo? Medo de seu pai?

– Não propriamente dele, mas de que ele não esteja bem, você compreende?

– Você acha que existe a possibilidade de ele não estar bem?

– Não sei, Hermínia. Seria muito difícil, para mim, descobrir que ele possa estar sofrendo no Plano Espiritual, talvez revoltado com a morte de seu corpo...sei lá...coisas desse tipo.

– Preste atenção, Fernando. Se porventura seu pai estiver com muitas saudades ou qualquer outro tipo de problema, acredito que o melhor a fazer é tentar auxiliá-lo e isso, o coordenador do trabalho vai fazer, mesmo que sejam precisas muitas reuniões, muitas comunicações, muito diálogo. Não se preocupe com isso. Fique tranqüilo. Tudo dará certo.

– Espero que sim, Hermínia.

Nesse momento, dona Ivone vem chamá-los para almoçar, levando-os a uma sala contígua onde sentam-se os quatro a uma longa mesa, coberta com alva toalha de rendas, deixando um lugar vago para Régis que, apesar de avisado, não desce de seu quarto. Sem exteriorizarem nenhum esboço de contrariedade pela ausência do filho, no intuito de não causarem mais nenhum constrangimento a Fernando, dona Ivone e seu Getúlio autorizam a doméstica a servir a comida. Mesmo assim, percebendo que Fernando não se encontrava muito à vontade, Hermínia afaga-lhe os cabelos carinhosamente, na tentativa de descontraí-lo, o que, infelizmente, deixa-o um pouco mais tenso pelo fato de saber, conforme declarado pelo amigo Álvaro, que a moça ainda o ama e não quer que ela alimente ilusões com respeito a isso. Questiona-se, então, sobre a atitude de tê-la procurado a fim de satisfazer o desejo de comunicar-se com o pai. Talvez teria sido melhor se tivesse procurado uma outra pessoa. Tão absorto está com seus pensamentos, que não percebe quando dona Ivone lhe oferece uma taça de vinho.

– Fernando, mamãe está falando com você.

– Oh, desculpe-me, dona Ivone, desculpe-me, estava distraído.

– Você me parece um pouco preocupado, Fernando – comenta seu Getúlio – Por favor, sinta-se como se estivesse em sua própria casa e não fique constrangido com as maneiras de meu filho. Por favor.

– Obrigado, seu Getúlio, e mais uma vez, desculpem-me. A propósito, esta carne está uma delícia.

– Fico feliz que tenha gostado e gostaria que... – diz dona Ivone, interrompendo as palavras ao ouvir gritos à porta de entrada da casa, percebendo-se também a voz da empregada, que parece estar tentando acalmar os ânimos de alguém que continua a esbravejar.

– Acalme-se, moça, por favor. Você não está em sua casa. Meu patrão não irá gostar disso.

– Patrão? Quem é o seu patrão? Aquele moleque do Régis?

– Por favor, moça, peço-lhe que fale mais baixo. Por favor. E aguarde aqui que vou chamar a minha patroa para vir atendê-la.

– Não é preciso chamar ninguém, não! Diga-me onde está o Régis, que irei até ele.

– Mas o que está acontecendo aqui? – pergunta rispidamente seu Getúlio que, num salto, levanta-se da cadeira e alcança a sala.

– Deixe, papai, que eu atendo. É coisa minha – grita Régis do alto do mezanino, descendo rapidamente as escadas e dirigindo-se à porta da rua. – É coisa minha. Pode deixar.

– Ah, você está aí! Finalmente! Pensou que pudesse se esconder de mim? Eu lhe disse que viria até aqui!

– Como conseguiu entrar?

– Seu porteiro é muito ingênuo, mais do que fui com você.

– Venha – ordena Régis, apanhando a moça pelo braço e tentando levá-la para fora da casa.

– Não! O que eu tiver que falar, talvez seja melhor falar na frente de seu pai.

– Por favor, Ester. Vamos conversar lá no jardim. Por favor. Prometo-lhe que vou resolver o seu problema.

– O meu problema?! O nosso problema!

– Do que se trata, Régis? – pergunta-lhe o pai, enquanto dona Ivone e Hermínia, que já se levantaram da mesa, entram também na sala de estar. Somente Fernando continua sentado, de costas para a porta de entrada, limitando-se a ouvir o que falam.

– Nada, não, papai. Não se preocupe. Por favor, volte para o almoço. Mamãe, Hermínia, vocês também, por favor.

– Não, meu filho – refuta seriamente Getúlio. – Quero saber do que se trata. Quem é a moça?

– Uma doida, pai.

– Uma doida?! Estou correndo risco de vida por sua causa e agora me diz que sou uma doida?!

– Pare de fazer escândalo, Ester, e vamos lá para o jardim.

Ao toque da campainha de um interfone, a empregada atende e corta a conversa entre Régis e a moça.

– Dona Ivone, o porteiro diz que está lá fora um homem de nome Carlos e que insiste em entrar. Diz estar procurando por Ester e pelo seu Régis.

– Carlos aqui?!!! – pergunta grandemente assustada a moça – Régis, por favor, Carlos não pode encontrar-me aqui e você sabe o porquê. Precisa esconder-me. Você aí, moça – diz, dirigindo-se à empregada –, diga que Régis não está e que não existe ninguém aqui com o nome de Ester.

A empregada não sabe o que fazer e olha para dona Ivone, aguardando uma ordem sua.

– Quem é Carlos, filho?

– Não me faça perguntas agora, mamãe, e ordene para a empregada que obedeça.

– Faça o que Régis lhe pede, Maria.

– José Luiz, diga a esse senhor que Régis saiu e que não

há ninguém aqui com o nome de Ester – diz a empregada ao porteiro, que lhe pede que aguarde no interfone.

Alguns segundos se passam.

– O quê? Sim...o homem diz que viu a moça entrar aqui e insiste em falar com Régis? Um momento. Seu Régis...

– Já ouvi o que disse, Maria. Ester, acho melhor esconder-se mesmo. Vou falar com ele.

– Ei, espere um pouco – reclama seu Getúlio – Afinal de contas, você vai contar-me o que está acontecendo, ou não vai?

– Agora não dá tempo, papai. Ester, suba as escadas e fique no primeiro quarto à esquerda. Vou lá fora falar com Carlos e já volto. Faça o que mando.

– Sim – concorda a moça, assustada, quase que correndo em direção à escada, a qual sobe de dois em dois degraus, enquanto o moço sai da casa em direção à portaria da mansão.

– Alguém poderá dizer-me o que está acontecendo? Hermínia, você sabe do que se trata e quem são essas pessoas?

– Não, mamãe. Nunca vi essa moça e não conheço nenhum Carlos.

– Pois vá até o quarto de Régis e descubra com ela o que está acontecendo.

– E eu vou até a portaria – informa Getúlio, saindo no encalço do filho.

Fernando, por sua vez, que permanecera sentado até aquele momento, apenas ouvindo o que se passava, levanta-se e vai até a sala onde ainda se encontra dona Ivone.

– Algum problema? – pergunta.

– Não sei, Fernando, mas algo de muito estranho está acontecendo aqui.

VI

– Sua aura está bastante equilibrada, Soares, e por conseguinte, sua saúde também, tanto a física quanto a mental – informa Flávio, satisfeito, após acurado exame.

– Fico contente por isso e bastante agradecido pois é fruto de todo o cuidado que estão me dispensando. Sinto-me realmente bem melhor quanto ao desespero que sentia ontem. Será que hoje poderei levantar-me e caminhar um pouco, a fim de conhecer o hospital?

– Faremos isso daqui a pouco, Soares.

– Graças a Deus, mas você falou em aura...

– Sim, todos nós possuímos o que denominamos aura, que reflete a nossa situação psicossomática.

– Já ouvi falar disso, mas não possuo muito conhecimento a respeito.

– É muito simples. O irmão Ulysses já deve ter-lhe falado sobre o fluido universal que constitui todo o Universo, inclusive nosso perispírito e também o corpo carnal que detínhamos quando encarnados.

– Sim, ele explicou-me.

– Pois bem, em princípio, o Espírito encarnado possui uma aura, com vibrações características, provenientes do campo

magnético do Espírito ou mente, do perispírito, que é o elemento de ligação entre o Espírito e o corpo, e do próprio corpo que possui. Como o próprio nome já esclarece, essa aura é de natureza eletromagnética, sendo que suas vibrações irradiam-se em derredor do homem, a distâncias que podem ser de poucos como de muitos metros. Cada uma dessas vibrações possui coloração diferente, podendo-se visualizá-las, após um certo treinamento para isso, como é o meu caso ou, então, como parte das faculdades de Espíritos mais evoluídos. No plano físico terrestre, algumas pessoas possuem a faculdade de visualizá-las, como mais uma especialidade mediúnica.

– Entendo...

– Pois bem, essa aura, por meio de suas vibrações, equilibradas ou não, reflete o estado, não só emocional, como também o estado de saúde dos corpos, através de suas cores, matizes e da extensão de cada uma delas.

– E essa aura possui alguma outra função além de exteriorizar o nosso estado?

– Sim. Em ambos os casos, Espírito encarnado ou desencarnado, a aura, quando equilibrada, faz o papel de verdadeiro escudo a proteger-nos das irradiações inferiores, como os sentimentos de ódio, inveja, ciúme, desejos de vingança que permeiam os nossos passos, em forma de ondas mentais, prontas a penetrar o nosso campo vibratório, se nos sintonizarmos com elas.

– É por esse motivo que todos nós, Espíritos, em qualquer plano que estejamos, devemos sempre colocar em nossas mentes bons pensamentos, não é?

– Isso mesmo. Inclusive, essa aura, quando positiva, nos defende da influência de Espíritos inferiores que, estando ao nosso redor, podem, inconsciente ou consciente e propositalmente, nos prejudicar com suas vibrações negativas e enfermiças, causando-nos grandes males, sejam de ordem mental ou material.

– E você conseguiu visualizar a minha aura?

– Sim e fiquei satisfeito com o que vi. Continue assim, Soares, procurando emitir bons pensamentos e não se deixe envolver por sentimentos de tristeza ou de desânimo. E toda vez que sentir-se abater por qualquer motivo que seja, procure elevar o seu pensamento a Deus, numa humilde prece, rogando auxílio e bênçãos. Pode ter a absoluta certeza de que será auxiliado.

– A prece tem tanto poder assim?

– A prece, Soares, feita com humildade e, principalmente com bastante fé, é a maior arma que o Espírito possui contra as investidas do mal, tanto externo quanto aquele interno que abrigamos em nossos corações. E, quando digo fé, reporto-me não àquela fé cega a que muitos se apegam, através da qual imaginam que todos os seus desejos serão satisfeitos e que, quando não realizados, revoltam-se contra Deus e seus desígnios. A verdadeira fé é aquela revestida de total confiança na justiça e bondade de nosso Criador, pedindo, confiante e ciente de que por pior que possa nos parecer o curso dos acontecimentos, ainda é o que de melhor Ele pode nos oferecer para o nosso aprimoramento e a nossa evolução. Somente Deus, com todo o Seu amor e bondade, sabe do que necessitamos naquele momento. É evidente que não estou querendo dizer que devemos nos acomodar e ficarmos esperando que tudo nos venha graciosamente do Alto, que apesar de auxiliar-nos sempre, espera que façamos a nossa parte, dentro dos princípios mais nobres do Amor Fraternal. Ensinam-nos os Espíritos Superiores que esse canal de comunicação que chamamos de prece, propaga-se através do fluido universal do qual já falamos, da mesma maneira que as ondas sonoras se transmitem através do ar e que, se sincera e justa, sempre encontrará ressonância no coração de Entidades do Bem, trabalhadores de Cristo.

– E o passe? Como opera?

– O passe, irmão Soares, tem a finalidade de reequilibrar a nossa aura. Você já deve ter visto isso em Centros Espíritas na Terra.

– Já ouvi falar.

– Pois então. Muitas pessoas, por diversas causas, tais como desgaste físico, mental, doenças, obsessões, passam a ter deficiências em suas energias e é, então, que uma outra pessoa, com a sublime e benéfica intenção de auxiliá-la, pode contribuir, auxiliada pelos Espíritos, para que esta consiga reequilibrar-se, assimilando novas energias extraídas do fluido universal a fim de suprir essas deficiências.

– Sinto-me mais confiante e feliz com todas essas explicações, irmão Flávio.

– E muito mais se sentirá quando iniciar seus estudos. Aliás, já está na hora de caminharmos um pouco. Isso lhe fará muito bem. Venha. Vou auxiliá-lo a levantar-se. Iremos percorrer algumas dependências deste hospital e, a seguir, irei apresentá-lo ao responsável pela escola que doravante, irá freqüentar. Deverá também ficar alojado numa ala bem próxima à escola, onde irá compartilhar um quarto com outro estudante. Vamos?

Pensei que teria alguma dificuldade para levantar-me e caminhar, e qual não foi o meu assombro ao perceber que fisicamente nunca havia estado melhor. Meu corpo parecia bem mais leve do que quando encarnado, informando esse fato a Flávio que prontamente elucidou-me:

– Nem sempre isso ocorre aqui neste plano, principalmente do lado de fora desta Colônia, onde as baixas vibrações concorrem para que essas entidades tenham uma maior sensação de peso do que quando encarnadas. Mesmo neste hospital e nos diversos setores da Colônia, muitas outras criaturas não chegam a sentir, a princípio, essa leveza que o irmão está sentindo. Por esse motivo, dá para perceber claramente que essa sensação encontra-se diretamente proporcional ao estado mental de cada um. A partir do momento em que vibrarem positivamente, a paz, a alegria e o amor se incumbirão de reverter essa situação.

Visitei, então, sempre acompanhado de Flávio, a maior

parte das instalações do hospital, desde a recepção, onde tudo a respeito do paciente é devidamente anotado, até as salas de recuperação mental ou física, num trabalho que pude perceber de constante ritmo e rodízio de várias equipes. Somente não me foi dado conhecer, pelo menos por enquanto, conforme afiançou-me o acompanhante, o setor de desequilibrados mentais, onde, na maioria das vezes, o fruto desses desequilíbrios fundamenta-se na consciência culpada que ainda carregam, sem conseguir livrarem-se dela, num auto-aprisionamento por graves sentimentos de culpa. Mas o que mais impressionou-me foi a explicação dada pelo irmão com respeito a alguns pacientes daquela ala.

– Alguns aqui internados, irmão Soares, são Espíritos que quando encarnados foram religiosos convictos, principalmente aqueles bastante inteligentes e que entenderam perfeitamente a Doutrina de Cristo.

– Como?! – assustei-me com a revelação – Como pode ser isso? Aqueles que mais estudaram as lições do Mestre podem vir a sofrer de problemas mentais após a desencarnação? Por quê?

– É muito simples: quando aqui chegam e percebem a profundidade dos seus conhecimentos, o quanto tiveram de auxílio do Alto através de Espíritos Superiores na missão de os auxiliarem quando na Terra e concluem que, na verdade, nada fizeram, nada realizaram, apesar de todas as benesses de Deus, de tudo o que poderiam ter feito, principalmente para uma multidão de outros irmãos que reencarnaram acreditando no que eles se comprometeram realizar por eles, acredite, meu irmão, chegam a desequilibrarem-se mentalmente, tamanha a tristeza e o arrependimento que sentem em seus corações. Na verdade, como nos ensinou Jesus, muito se pedirá àquele que muito recebeu.

– Sim... e o que acontece a eles...?

– Infelizmente necessitam de longo tratamento para poderem retornar à normalidade e continuar a caminhada com novos projetos e novas propostas.

Nesse momento, Flávio levou-me para a parte externa do hospital onde diversos pacientes, assim como na Terra, convalesciam sentados em bancos no amplo e bem cuidado jardim, sob o agradabilíssimo calor do Sol, cuja luminosidade, mais clara que a vista na crosta terrestre, não chegava a ofuscar a visão e a temperatura era amena e reconfortante. Nos gramados, nas flores e nos pássaros ali presentes, as cores eram de matizes indescritíveis e os sons da Natureza pareciam possuir uma sublime cadência a reequilibrar todas as fibras mais íntimas de nosso ser. Fomos caminhando por róseas e, de outras vezes, azulíneas calçadas formadas de pequeninas pedras, uniformemente dispostas, até o portão principal daquele hospital, alcançando longas e largas avenidas, onde diversos Espíritos caminhavam, indo e vindo, a maioria com os semblantes serenos, mas compenetrados, acredito, em algum trabalho por realizar. Atravessamos uma fileira de casas térreas até cairmos num paço circular, cercado por altos e largos prédios que Flávio informou-me serem utilizados pela administração e pelos demais departamentos daquela Colônia, incluindo a escola que eu passaria a freqüentar, indicando-me, também, a uma centena de metros, o local que me serviria de lar, daquele dia em diante. E novas informações desfilou meu acompanhante Flávio com respeito a outros sítios onde estariam instaladas diversas construções, nas quais, milhares de trabalhadores dedicavam determinadas horas do dia no trabalho de confecção de vestimentas, apetrechos e instrumentos diversos, controle da alimentação, suprimento de energia e água, bem como, e aí, inopinada surpresa tomou conta de minha compreensão, ao citar equipe de Espíritos dedicados à defesa daquela Colônia de Socorro.

– Defesa? – perguntei, curioso, pois não imaginava devesse haver necessidade de tal cuidado.

– Sim, Soares, aqui também necessitamos proteger a instituição e seus moradores do ataque de infelizes irmãos, ainda ligados ao mal que, se aqui conseguissem penetrar, certamente, o caos tomaria conta desta nossa organização.

– Mas eles não deveriam ser tratados por vocês, como

aconteceu comigo? Eles também não são filhos de Deus e nossos irmãos? – perguntei, arrependendo-me, logo em seguida, pois que conhecimentos tinha eu para questionar qualquer atividade daquele local?

– É evidente que gostaríamos de poder auxiliá-los, principalmente, transformando o íntimo de cada um e poder colaborar para que todos se sentissem tão felizes como todos nós o somos, porém há que se levar em consideração que somente terá o sucesso de modificar-se intimamente aquele que realmente desejar essa transformação. Na prática, se deixássemos aqui entrar todas essas entidades voltadas para a inferioridade, sem que elas tivessem realmente o firme propósito de tomar um novo caminho na senda de Jesus, pode ter a certeza absoluta que estaríamos colocando em risco tudo o que já conseguimos realizar. Eles, aqui dentro, comprometeriam todo o equilíbrio que tanto necessitamos para socorrer aqueles que estão realmente dispostos a modificarem-se. Não podemos nos arriscar. Porém, é bom que saiba que, todos os dias, equipes socorristas percorrem muitos locais dessa região sofredora do Umbral a fim de encontrar corações já esmaecidos de seus sentimentos mais mesquinhos e que solicitam o auxílio do Alto. São caravanas que partem em todas as direções, amparando e trazendo até nós, para tratamento, muitas entidades, um dia desgarradas do rebanho de nosso Mestre. O trabalho é árduo, mas gratificante.

– E como essas equipes conseguem penetrar e caminhar por essas regiões? Não são atacadas por entidades perversas e inimigas do Bem?

– Um dia, você irá participar de uma dessas excursões como parte de seu aprendizado e verá que o Alto nos protege adeqüadamente.

– Como assim?

– Geralmente caminhamos por aquelas paragens de maneira invisível aos olhos dos que lá habitam, somente nos tornando visíveis àqueles que necessitam de nosso auxílio. De outras, vemo-nos obrigados a tornar mais pesadas as vibrações de

nossos corpos espirituais para, disfarçadamente e confundindo-nos com eles, podermos lá penetrar até alcançarmos as almas que nos propusemos auxiliar.

– E nessas circunstâncias não são molestados?

– Somos sim, porém, os Espíritos Superiores sempre nos alcançam com intuições precisas para dialogarmos com eles e por vezes, fazemo-nos acompanhar por entidades que lá habitam e que nos protegem, como se fossem verdadeiros guias em viagem.

– Guias?

– São Espíritos que, apesar de mais grosseiros intelectualmente, possuem um grande coração e que colocam a sua predominância física a serviço do Bem. São como que guarda-costas das equipes, geralmente munidos de grandes cães guardiães.

– E onde eles vivem?

– Vivem instalados em locais estratégicos dessa região, fora dos limites da Colônia e que trabalham como vigilantes, sempre prontos a nos informar o que ocorre em nossas imediações.

– Responda-me uma coisa, também: como funciona o sistema de defesa deste local?

– Possuímos por toda a muralha que cerca este local, instrumentos denominados de baterias eletromagnéticas, que servem para neutralizar qualquer tipo de ataque que porventura possa ocorrer contra nós, inclusive, também, uma verdadeira barreira, como se fosse uma parede invisível totalmente eletrificada que faz com que os interessados no ataque sejam mantidos à distância.

– É incrível! Mas diga-me: por acaso, os espíritas sabem de tudo o que ocorre neste plano da vida? Porque, torno a dizer: é incrível.

– A grande maioria dos espíritas já teve conhecimento de

tudo isto, inclusive de sistemas mais sofisticados, através de vários livros publicados no orbe terrestre, de autoria do Espírito André Luiz, psicografados mediunicamente por um médium muito conhecido e respeitado de nome Francisco Cândido Xavier. Você já ouviu falar?

– O irmão Ulysses já me falou, mas não sei nada ainda a respeito dele.

– André Luiz vive em outro local do espaço, mais desenvolvido que esta Colônia, denominado "Nosso Lar" e suas obras literárias revelam aos habitantes da esfera crostal mais materializada, sua própria história, relatando tudo o que viu, ouviu e participou nessa instituição e nas diversas regiões umbralinas. O primeiro livro da série chama-se "Nosso Lar".

– Irmão Flávio, sinceramente, se eu tivesse lido, quando encarnado, algum livro que descrevesse tudo isto que estou conhecendo aqui, tenho certeza de que não acreditaria.

– Mas diga-me, irmão Soares, você acha que poderia haver algo após a morte do corpo físico mais lógico e natural do que da maneira como está tomando conhecimento? Ou você pensava que apenas pelo fato de um Espírito desencarnar ele poderia se tornar, de repente, um ser angelical e mesmo ter a pretensão de achar-se em condições de encontrar-se com Deus, como pensam alguns? Aliás, esta é uma das grandes lógicas da reencarnação. Como você sabe, um homem na Terra possui uma média de vida de aproximadamente sessenta, setenta ou oitenta anos, correto?

– Certo.

– E como poderíamos achar que, com apenas oitenta anos, na verdade menos que um "estalar de dedos" dentro da eternidade, poderíamos estar em condições de colocarmo-nos ao lado de Deus, todo perfeição? Meu amigo, necessárias são muitíssimas encarnações na escola da vida para podermos atingir algum grau de evolução dentro do Universo e, muito menos o homem que habita o Planeta Terra que, como já pudemos

aprender com os Espíritos superiores, ainda é um local de provas e expiações e que outros planetas muito mais avançados existem neste nosso infinito Universo.

– Você tem toda a razão, irmão Flávio. Tem toda a razão.

Nessa altura, já estávamos bem próximos à escola que Ulysses me falara. Chegando lá e após passar por muitas dependências, alcançamos a sala do Diretor daquela instituição de ensino, que nos recebeu solícita e gentilmente, prontificando-se a, dali em diante, ocupar-se de mim, não somente em relação ao início de meus estudos como também da minha hospedagem em alojamento próprio para iniciantes, como já disse, bem próximo àquela instituição de ensino. Flávio despediu-se de nós augurando-me sucesso naquela nova fase, onde o aprendizado seria a minha principal preocupação.

VII

– Mas afinal de contas, o que está acontecendo? Quem é você? Quem é esse tal de Carlos? Por que tanto medo? Fale, moça! – quase chega a gritar Hermínia para Ester que, sentada na cama de Régis, esconde o rosto entre as mãos, o corpo dobrado à frente.

– Você deve ser Hermínia, irmã de Régis, não? – responde, finalmente, após alguns segundos, ainda com a respiração ofegante.

– Sim, sou Hermínia e acho que deve uma explicação, senão a mim, pelo menos aos meus pais, não acha?

– Estamos numa grande enrascada, moça! – lamenta-se. – Se, pelo menos, Carlos não tivesse me encontrado e seguido. E, agora, Régis... Oh, meu Deus! Régis está lá com ele!

Dizendo isso, dá um salto e corre até a janela do quarto, seguida por Hermínia que, assustada, lembra-se que o irmão e seu pai haviam saído para encontrar-se com aquele homem que tanto medo causava em Ester. Da janela, protegidas pela cortina, conseguem divisar toda a movimentação no portão de entrada da mansão, apesar de não conseguirem ouvir a conversação, pois a casa encontra-se a mais de cinqüenta metros da rua, além de estarem no pavimento superior. O homem encontra-se do lado de fora do portão gradeado e seu Getúlio e Régis do lado de dentro.

Apenas conseguem perceber que o estranho gesticula muito e que Régis parece muito nervoso e amedrontado, pois a impressão que se tem é a de que Carlos parece estar ameaçando-o, enquanto seu Getúlio dá mostras de querer fazer-se ouvir, sem consegui-lo, já que o homem parece ter tomado conta da palavra. Mais alguns minutos se passam e o visitante, após aumentar a agressividade, dedo em riste em direção ao rosto de Régis, afasta-se em direção a um carro estacionado a alguns metros do portão. Hermínia percebe que a moça encontra-se muito mais nervosa, com o corpo trêmulo e lágrimas nos olhos e, voltando o olhar para o portão vê agora dona Ivone que, abraçada a Régis, conversa com o marido. Este, por sua vez, fala rispidamente alguma coisa para o filho e, parecendo obrigá-lo a entrar em seu carro, toma assento à direção, abandonando a mansão rumo à movimentada avenida. Dona Ivone retorna apressadamente à casa, vindo ter ao quarto, acompanhada por Fernando.

– Agora, moça, você vai me contar tudo. Quero saber o que está acontecendo com Régis e quem é aquele homem – ordena, de maneira bastante autoritária e ameaçadora, enquanto Ester senta-se pesadamente na cama, entrando em choro convulsivo e nervoso. Hermínia senta-se ao seu lado e, acariciando seus cabelos, procura tranquilizá-la:

– Acalme-se, Ester, e conte-nos o que sabe. Não tenha medo. Prometo-lhe que faremos de tudo para auxiliá-la, assim como a Régis.

A moça procura conter as lágrimas e, olhando pausadamente para cada um dos presentes, pergunta à dona Ivone:

– Onde Régis foi com o pai dele? À polícia?

– Não. Getúlio quis sair um pouco com meu filho para conversar com ele. Mas por que você acha que eles poderiam estar indo até a polícia?

Ester procura disfarçar:

– Pensei nisso porque percebi, aqui da janela, que Carlos parecia estar ameaçando-os.

– Não tente disfarçar, moça – pede dona Ivone. – Se quer realmente ajudar Régis e a si própria, pois percebo um grande medo em você, não perca tempo e comece a contar-nos o que está acontecendo. Por favor.

Ester pensa um pouco e, enxugando as lágrimas que lhe escorrem pela face, lamenta-se, parecendo vencida pelo cansaço:

– Não acredito que esteja, realmente, acontecendo tudo isto...

– Esteja acontecendo o quê? – pergunta, ansiosa e visivelmente preocupada, dona Ivone.

– Oh, meu Deus!...Nunca poderíamos imaginar... – começa a desabafar Ester, meneando a cabeça, desalentadamente.

– Imaginar o quê? Fale, moça! – insiste a mulher, desta feita, bastante nervosa.

– Acalme-se, mamãe – pede Hermínia. – Ela vai nos contar tudo.

– Sente-se aqui – pede Fernando à senhora, indicando-lhe uma beirada da cama ao lado de Ester que, sem parecer dar-se conta deles, continua:

– E a culpa foi minha em permitir que Régis fosse até minha casa. Arrependo-me tanto!

Permanece por alguns segundos em silêncio, recomeçando:

– Faz apenas um mês que tudo começou e parece que já estamos vivendo esse pesadelo há séculos.

– Você e Régis devem ter se metido em alguma encrenca bem grossa, não é? – pergunta Fernando, procurando incentivar a moça a continuar.

– Sim, uma grande e perigosa confusão. Eu e Régis nos conhecemos há cerca de um ano, talvez, e ficamos muito amigos. Acho até que gostamos um do outro, apesar de não falarmos muito sobre isso. Mas já faz um bom tempo que estamos saindo juntos, curtindo-nos, numa relação de muito carinho. Não diria que somos namorados, não. Régis é moço de família rica, abastada e eu sou, digamos, bem pobre, se comparada a vocês. Também nunca tive nenhuma segunda intenção com respeito a ele, podem acreditar. Apenas somos amigos e nunca havia comentado antes os problemas financeiros por que passamos, eu e minha família, a fim de que isso não viesse a abalar o nosso relacionamento. Porém, um dia, Régis resolveu levar-me até minha casa e eu, que sempre evitara isso, concordei, talvez levada pelo desejo de ver a sua reação, pois minha casa e meu bairro são, realmente, bastante pobres. De início, não houve nenhuma reação por parte dele, até o momento em que envolveu-se no grande problema por que passo.

– E que grande problema é esse, além de ser pobre?

Ester apóia a cabeça em ambas as mãos e mantém-se por alguns segundos nessa posição até responder, ainda com o rosto escondido:

– Meu pai e meu único irmão são dados a práticas não muito, ou melhor, nada lícitas de viver.

– O que quer dizer com isso, Ester? – pergunta-lhe Fernando, bastante sensibilizado com as palavras da moça que, erguendo agora o olhar, responde:

– São ladrões. Vivem totalmente à margem da lei, roubando e assaltando.

Dona Ivone, Hermínia e Fernando entreolham-se, chocados com aquilo que ouvem e, muito mais, pelo que podem imaginar Régis ter-se metido.

– E sua mãe?

– Minha mãe é uma verdadeira santa e, quanto a mim, apesar de tudo, amo-os muito, além de sofrer o mesmo tanto por eles. Vocês não podem imaginar o que é passar todo o tempo com medo de que sejam presos. Não posso ouvir a sirene de uma viatura policial sem que me amedronte terrivelmente.

– Meu Deus! E eles são assassinos também? – arrisca Hermínia.

– Que eu saiba, não. Pelo menos é o que negam sempre.

– E Régis? O que aconteceu de tão grave com vocês? Quem é esse homem que esteve hoje aqui?

– A senhora não pode imaginar o que acabou acontecendo conosco...

– Pois fale, menina! – grita aos brados, dona Ivone, avançando em Ester e sacudindo-a pelos ombros – Em que confusão você e sua família meteram o meu filho?! Diga! Diga!

– Acalme-se dona, Ivone – pede novamente Fernando, fazendo-a sentar-se. – Vamos ouvir o que Ester tem a nos dizer e tentar ajudá-los. De nada adianta perder a calma.

– Tudo começou mesmo quando Régis esteve em minha casa pela segunda vez. Meu pai e meu irmão não se encontravam lá. Devia ser, se bem me lembro, umas dez horas da noite de uma sexta-feira. Estávamos os três: eu, Régis e mamãe conversando na cozinha quando ouvimos a sirene da polícia tocando ao longe e percebemos que, em pouco tempo, o estridente som aproximou-se da rua de casa, seguido de muita gritaria por parte dos policiais e, o que é pior, diversos tiros começaram a ser disparados. Lembro-me de que Régis ficou muito assustado no princípio, mas no decorrer dos acontecimentos pareceu-me muitíssimo excitado com toda aquele movimentação o que, realmente, foi o que aconteceu, pois contou-me mais tarde que sentira-se muito vivo, parecendo sentir o sangue correr-lhe pelas veias. Essas foram palavras suas. Eu sei o que é isso. É a adrenalina lançada em nossa corrente sangüínea, quando sentimo-nos em perigo ou em estado de muita excitação.

– Por favor, Ester – pede Hermínia – Deixe essas considerações para depois e conte-nos logo o que aconteceu.

A moça reflete um pouco e, deixando transparecer enorme agonia em recordar aqueles fatos, recomeça:

– Corri, então, até a pequena sala, seguida por mamãe e Régis que, não acostumado com aquele tipo de acontecimento, expunha-se ao perigo de ser atingido por uma bala, já que os policiais atiravam em direção do portão lateral de nossa casa e algumas balas chegaram a atingir a janela e a porta da rua, atravessando-as e sendo amortecidas na parede. Fiz com que ele se deitasse no chão enquanto esgueirava-me até a parede ao lado da janela para verificar o que estava acontecendo. Tinha plena certeza de que estavam atrás de papai e de Lolô, meu irmão. A propósito, meu pai chama-se Lourival e meu irmão também, mas o tratamos de Lolô.

– E daí...? – pergunta, impaciente, Fernando.

– Aí foi que entramos, ou melhor, Régis entrou na confusão.

– Régis?

– Sim, mas tudo foi muito rápido. Os tiros cessaram de repente, ao mesmo tempo em que percebemos que alguém entrava correndo pelo comprido corredor do lado direito de minha casa. Para vocês terem uma idéia, em meu bairro, a maioria das moradias são construídas sem nenhum planejamento e poucas são as ruas, pois as casas amontoam-se separadas por verdadeiros labirintos de corredores que servem de passagem para as pessoas atingirem a rua principal. Régis, então, levantou-se e correu em direção à cozinha, sendo seguido por mim e mamãe. A porta dos fundos estava aberta e Régis, ao atravessá-la, chegou a trombar com meu irmão que corria, desesperadamente, em direção a uma das vielas. Caíram os dois, rolando por uma estreita escadaria construída de maneira provisória e que servia de comunicação a outras moradias que se situavam mais abaixo, num grande declive natural, muito comum em nosso bairro. Régis esfolou-se muito com a queda.

– Agora me lembro disso – comenta dona Ivone – Lembro-me de um dia em que ele chegou em casa com o rosto e os braços feridos, alegando ter caído da motocicleta. Cuidei de seus ferimentos e recordo-me também que estava muito nervoso.

– Eu e mamãe tentamos correr atrás deles, porém muitos policiais acabavam de chegar até nós, impedindo-nos de sair do lugar em que estávamos. Desceram correndo a escada e, enquanto alguns continuavam a perseguição a meu irmão, dois outros auxiliaram Régis a subir de volta. Fizeram-nos muitas perguntas e, por sorte, não sabiam que o fugitivo era meu irmão. Régis alegou ter rolado escada abaixo, após o encontro com alguém que não conhecia. Os policiais não chegaram a se preocupar muito conosco, continuando a perseguição. Minha mãe manteve-se serena durante o rápido interrogatório, caindo em prantos somente após a saída dos homens.

– E onde foi que Régis meteu-se nessa confusão que você ainda não nos contou? – pergunta Fernando.

– Acontece que Lolô não estava sendo perseguido apenas pela polícia, mas também por um outro delinqüente, integrante de uma quadrilha de ladrões de jóias.

– Um outro delinqüente?

– Sim. Pelo que ficamos sabendo depois, uma perigosa quadrilha, formada por quatro homens e uma mulher, que assaltaram alguns apartamentos de um prédio num bairro rico e que, na saída, foram flagrados pela polícia, acionada por alguém que percebera algo de estranho no local. Um dos assaltantes que carregava consigo uma bolsa com o produto dos assaltos ali realizados, ao tentar fugir, foi roubado por meu irmão que, não aceito pelo grupo para aquele trabalho os seguira até o local, já que chegara a conhecer todo o plano. Porém, por um trágico erro de cálculo, meu irmão passou a ser perseguido pelos policiais, assim que o viram correndo, agarrado à bolsa que continha as caríssimas jóias roubadas.

– E um dos integrantes da quadrilha passou também a persegui-lo, não é? – pergunta Hermínia, tentando apressar o relato de Ester.

– Foi o que aconteceu. Ele se encontrava fora do prédio, dando cobertura aos seus comparsas.

– E essas jóias são muito valiosas?

– Valiosíssimas. Inclusive, por detrás dele e sua quadrilha, deve haver gente grossa. Os moradores daquele prédio são milionários. Muitas das jóias são cravejadas de brilhantes caríssimos.

– E seu pai? Não estava junto?

– Não. Papai estava em outro local da cidade. Não sei o que estava fazendo.

A moça, então, entra em prantos.

– Não chore, minha filha – pede dona Ivone, agora condoída pelo sofrimento de Ester. – Nós vamos ajudá-la. Fique calma e continue a contar-nos o que aconteceu.

– O homem que passou a perseguir meu irmão, ou melhor, seguiu as viaturas da polícia, chama-se Carlos. É o que esteve aqui, agora há pouco. Ele seguiu-me durante muito tempo no intuito de que eu o trouxesse até Régis. Nunca vim até aqui para evitar que ele soubesse onde Régis morava, porém acabei não agüentando mais tanta pressão e acabei vindo. Perdoem-me por isso.

– Não se culpe, Ester, e diga-nos o que Régis fez de tão grave.

– Régis, no fundo, é um bom moço, dona Ivone. Desculpe-me ter entrado aqui em sua casa daquela maneira, mas ele está se metendo cada vez mais nessa encrenca. Pedi a ele que fosse comigo até a Polícia para pedirmos proteção, mas ele não quer.

– E por que você não foi à Polícia?

– Simplesmente porque não acreditariam em mim. Não se esqueça de quem sou filha e do lugar onde moro – revela Ester, recomeçando a chorar, desesperada.

– Não chore, minha filha. Já disse que iremos ajudá-la.

– Conte-nos o resto, Ester – pede Fernando.

A moça recompõe-se novamente e recomeça:

– Quando Régis e Lolô rolaram escada abaixo, meu irmão deixou cair o pacote com as jóias e, não o encontrando e apavorado com os policiais em seu encalço, continuou correndo. Régis, por sua vez, viu onde o pacote havia caído e, rapidamente, escondeu-o por entre umas moitas. Enquanto a Polícia fazia uma busca por todo o bairro, chegou meu pai e, em seguida, sorrateiramente, meu irmão que, em poucas palavras contou-nos tudo o que havia ocorrido. Régis, então, desceu as escadas e, apanhando o pacote das jóias, entregou-o a meu pai que, no mesmo instante, decidiu fugir com minha mãe e meu irmão, pois sabia que, assim que todo o aparato policial fosse embora, seriam procurados por Carlos e os outros que até então não ousavam aproximar-se. E assim o fizeram.

– E como Carlos ficou sabendo da presença de você e de Régis nessa história?

– Assim que meus pais e meu irmão fugiram, Régis foi embora e eu fiquei em casa. Afinal de contas, não tinha para onde ir.

– E Carlos foi até lá – complementa Hermínia.

– Sim. Ameaçou-me, chegando a me bater. Queria que eu lhe revelasse o destino de meus pais e de meu irmão e somente desistiu quando, para não apanhar mais, disse-lhe que Régis talvez soubesse. Depois, aconteceu o pior e estamos sendo constantemente vigiados e ameaçados.

– E o que foi que aconteceu de pior?

– Há duas semanas, recebi uma carta de minha mãe, revelando-me onde estavam. Contei a Régis e decidimos ir ao encontro deles.

– Já sei – diz dona Ivone. – Foi quando Régis disse que iria passar uns dias na praia com alguns amigos.

– Bem, fomos até lá e rogamos a Lolô que nos entregasse, pelo menos, parte das jóias para que pudéssemos tentar uma negociação com Carlos, porém, meu irmão não concordou e foi aí que tudo complicou-se.

– O que aconteceu, menina? Fale!

– Bem...nós passamos a noite na casa deles e Régis descobriu onde as jóias estavam escondidas, aliás, a maioria delas, pois meu pai já havia vendido algumas para pagar o aluguel e comprar provisões. Eles pretendiam fugir para o Paraguai, assim que conseguissem entrar em contato com um receptador.

– E o que meu filho fez?

– No dia seguinte, de manhã, viemos embora e, no caminho, Régis contou-me que havia roubado boa parte das jóias e que pretendia entregá-las a Carlos. Daí arrependi-me e tentei demovê-lo disso, rogando-lhe que voltasse e devolvesse para o meu pai. A senhora entende...temo por eles e gostaria de vê-los a salvo, longe daqui. Sei que meu pai e meu irmão são marginais, mas os amo muito, principalmente a pobre de minha mãe.

– Entendo. E Régis?

– Bem...ele não cedeu e convenceu-me de que, se entregasse parte do roubo a Carlos, este nos deixaria em paz. Continuamos, então, a viagem de volta. Dizia que, assim que resolvesse tudo com Carlos, iria buscar os meus pais e que pretendia ajudá-los, arrumando-lhes um emprego decente com o seu marido. Aí acabei concordando com ele, apesar de não crer que Lolô aceitasse trabalhar.

– E Régis entregou as jóias a Carlos?

– Pediu-me para entregá-las, mas não todas. Na verdade, ficou com a mais valiosa.

– E por quê? – pergunta Fernando, agoniado com toda aquela história.

– Não sei. Acho que deslumbrou-se.

– Deslumbrou-se? O que quer dizer com isso?

– Isso acontece. Creio que Régis enfeitiçou-se por ela. Escondeu-a e não quer mais falar sobre o assunto.

– Meu Deus! – exclama dona Ivone, assustada. – Precisamos falar com ele e fazê-lo entregar essa jóia ao homem ou contar tudo à Polícia.

– Eu já implorei isso a ele, dona Ivone. Estamos correndo risco de vida.

– E que jóia é essa, Ester?

– Eu a vi de relance quando voltávamos da visita à minha família. Estávamos na estrada e Régis mostrou-me. Parecia ser um camafeu. Era uma grande pedra azul com um rosto de perfil no centro, feito de alguma outra pedra preciosa. Ele brilhava muito, pois a pedra maior estava incrustada em outra peça que depois soubemos ser de ouro, com vários brilhantes à sua volta.

– Meu Deus!

– Mas o que mais me impressionou foi a maneira como ele falava dela. Parecia, como já disse, deslumbrado. Chegou até a beijá-la.

– E como esse homem sabe que ela está em poder de meu irmão? – pergunta Hermínia.

– Eu e Régis fomos muito inocentes. Quando entreguei

parte das jóias a Carlos, disse-lhe que esperava que tudo se resolvesse da melhor maneira possível, ou seja, uma parte do roubo para meu pai, outra para ele e que Régis ficaria com o camafeu por todo o trabalho que teve em escondê-lo da Polícia no momento da perseguição.

– E aí?

– Carlos ficou possesso, dizendo-me que seus chefes ficariam muito furiosos. Foi aí que fiquei sabendo a respeito do real valor desse camafeu. Aliás, a maior finalidade do assalto era a de roubá-lo. O restante das jóias serviria para pagar toda a operação do roubo. Disse-me que ele seria levado para um outro país, onde um grande colecionador o compraria.

– Meu Deus! – exclama, visivelmente assustada, Hermínia. – Diga-me uma coisa, Ester: se meu irmão devolver essa jóia para eles, acha que tudo se solucionará?

– Disso não tenho muita certeza, mas é o que me parece ser o único caminho no momento.

– E se falarmos com a Polícia?

– Não sei, dona Ivone – responde a moça. – Penso que agora o seu filho já está muito envolvido nessa história toda e seria melhor deixar a Polícia de lado. E agora estou desesperada porque tudo deu errado e meus pais não terão condições de ficar por muito tempo escondidos e nem de fugirem do país. Foi por esse motivo que cheguei a invadir a sua casa, agora há pouco, daquela maneira. Preciso que Régis me ajude e aos meus pais. Ele tem que entregar essa maldita jóia.

– Fique tranqüila, Ester. Nós iremos ajudá-la.

VIII

Passaram-se exatamente seis meses desde que iniciara os meus estudos e a minha vida transcorria tranqüilamente. Durante o dia, estudava e, à noite, até por volta das vinte e três horas, trabalhava, por oferecimento meu, no hospital que me socorrera, dando o meu quinhão de colaboração no atendimento dos diversos Espíritos que eram resgatados pelas equipes socorristas. Meu trabalho, apesar de ser ainda o de simples serviçal, fazendo limpezas e auxiliando na manutenção das instalações, proporcionava-me grande bem-estar, pelo simples fato de estar sendo útil. Sentia-me feliz, apesar da saudade de minha filha, de meu genro e de minha querida esposa, Clarice, que ainda não havia tido a felicidade de rever. Sabia que encontrava-se num plano mais elevado que o meu e que, mesmo distante, enviava até mim, vibrações de muito amor, chegando mesmo a senti-las quando elevava meu pensamento a ela. Flávio havia se tornado um verdadeiro irmão para mim, visitando-me quase todas as noites. Era bem mais moço do que eu, pelo menos na idade cronológica da Terra e na aparência física. De minha parte sentia grande afinidade por ele, parecendo-me um filho querido e percebia ser recíproco esse sentimento. Aprendi muito com ele, principalmente na complementação que me dava sobre tudo o que estudava e aprendia na escola. E esse dia, a que me reporto, tinha para mim um valor muito especial, pois ele viria buscar-me logo mais, assim que con-

cluísse o meu trabalho. Iria conhecer a casa onde morava juntamente com Milena, sua companheira de há muito tempo, trabalhadora na área de apoio às crianças, os pequeninos desencarnados. Milena e Flávio eram o que poderíamos chamar de almas gêmeas, haja vista, terem se encontrado por diversas encarnações no mesmo círculo familiar.

– Meus parabéns, irmão Soares – cumprimentou-me Flávio alegremente, quando nos encontramos na saída do hospital, no horário combinado. – Hoje seria seu aniversário na contagem do tempo terrestre, não?

– Sim, Flávio. Hoje completaria mais um ano de vida como encarnado. E muito obrigado pela lembrança, meu grande amigo – agradeci, abraçando-o. – Você tem sido um verdadeiro irmão para mim aqui no verdadeiro plano da vida. Tenho aprendido muito com você, aliás, devo-lhe quase tudo o que sei.

– Mérito seu, Soares. Você tem sido muito aplicado e, o que é mais importante, possui uma grande fé.

– Preciso dela, Flávio. Você sabe que sinto muita saudade de minha filha Alzira, de meu genro e de minha esposa Clarice, que ainda não me foi possível encontrar aqui deste lado.

– Tudo vem a seu tempo, meu irmão. Você sabe que quando estiver realmente preparado, terá essa alegria.

– Sei, sim. Mas quanto tempo, heim, Flávio?

– O tempo passa, Soares.

– Agora, diga-me uma coisa: será que minha filha Alzira já engravidou, ou mesmo já teve algum filho? Sei que não devo ficar fazendo perguntas desse tipo, mas gostaria muito de saber.

Flávio sorriu para mim, respondendo-me:

– Ainda não, Soares, mas soube que em breve, isso poderá ocorrer.

– Gostaria muito de poder auxiliá-la.

– Você o fará.

– Verdade?! – exclamei, entre surpreso e feliz ao mesmo tempo.

– Assim que ela engravidar, poderá, vez ou outra, acompanhar a equipe que estará encarregada de auxiliá-la e ao Espírito reencarnante.

– Mas isso é bom demais. Quer dizer que, muito em breve poderei revê-la?

– Sim, mas antes terá que aprender algumas outras coisas e, como sabe, realizar a sua primeira excursão de socorro e auxílio.

– Você virá também nessa expedição?

– Sim. Estarei ao seu lado, não somente para elucidar as suas prováveis dúvidas, como também para apoiá-lo, se preciso for.

– E quando partiremos?

– Amanhã cedo.

– Já, amanhã? Será que conseguirei sair-me bem?

– Tenho certeza absoluta, Soares. E você não será o único a acompanhar a equipe de socorro, como aprendiz. Outros irmãos também irão. Mas vamos, então, até minha casa. Quero que conheça Milena.

– Vamos, sim.

Dizendo isso, partimos em direção a um grupamento de moradias, não muito longe dali. As casas enfileiradas eram todas, apesar da simplicidade na construção, muito bem cuidadas, de cores em tom pastel e com belíssimo gramado à frente, onde diversas variedades de flores davam um colorido alegre e jovial a todo o conjunto. Flávio apenas girou um tipo de maçaneta na porta e entramos numa pequena mas aconchegante sala de estar, mobiliada apenas com o essencial. Convidou-me a sentar num estofado e, após poucos segundos, Milena veio até nós, vinda de uma porta que imaginei ser o quarto de descanso do casal.

– Boa noite, irmão Soares – cumprimentou-me, parecendo conhecer-me de há muito tempo.

Era uma jovem muito bonita, de traços suaves mas marcantes, talvez devido ao largo sorriso que parecia nunca desfazer-se de seus lábios. Possuía cabelos loiros, cortados muito curtos e seus olhos mais pareciam duas ametistas a brilharem, denotando grande amor e ternura no coração. E assim como sentia por Flávio, experimentei profunda afinidade para com ela.

– Boa noite, Milena – correspondi ao cumprimento, sentindo enorme felicidade em estar ali, lembrando-me de minha querida Clarice e imaginando-me, um dia, poder, quem sabe, habitar com ela em moradia como aquela.

– Flávio tem me falado muito a seu respeito, mas fique à vontade. Irei preparar um chá para tomarmos. Com licença.

Milena saiu por uma outra porta e alguns instantes depois já podia sentir o delicado aroma de ervas.

– E, então, irmão Soares, o que está achando da casa onde moro?

– Estou impressionado, Flávio. É muito bonita. Nunca havia me deparado com construção dessa natureza, onde o simples torna-se tão belo. Mas diga-me uma coisa: como conseguiu a oportunidade de morar aqui? De quem é esta casa?

– Tudo é da Colônia, irmão Soares. Nós que aqui habitamos não possuímos nada. Apenas usufruímos do que a bondade e a justiça de Deus nos oferece, assim como o corpo físico que utilizamos, tanto na Terra, como neste plano. A diferença é

que, nesta colônia, tudo é conseguido à custa do merecimento alcançado pelo trabalho que realizamos em benefício da evolução de nossos semelhantes. Toda tarefa, por mais simples que possa parecer, possui o seu peso e de mais valor se reveste quando realizada com o coração transbordante de alegria.

– Você deve ter trabalhado muito para ter tido o merecimento de morar neste lar.

– Trabalhei muito, sim, meu irmão, mas poderia ter conseguido essa dádiva muito tempo antes, se porventura não possuísse tantos defeitos e não tivesse tido tantos deslizes em minha caminhada. E pode crer que, se aqui estou, também o é pela soma de méritos meus com os de Milena, devotada trabalhadora desta colônia. Além disso, percorremos diversas oportunidades reencarnatórias juntos e, através delas, conseguimos nos unir num grande amor espiritual. É evidente que algumas dessas nossas vidas foram um tanto quanto tumultuadas, no resgate de débitos do passado e outras tantas, no sofrimento íntimo e inconsciente da separação imposta pelo aprendizado na dor, porém, quando passamos a nos dedicar ao trabalho conjunto em prol dos necessitados, tudo tornou-se mais sereno, sendo-nos dada a felicidade de encontrarmo-nos sempre em ambos os planos da vida.

– Terei eu, um dia, uma oportunidade destas?

– Basta querer, irmão Soares. Trabalhe com muito amor no coração e não espere para ser feliz apenas quando tiver alcançado o que almeja. Comece desde já a sentir a imensa felicidade com o futuro que o aguarda. Geralmente, o Espírito possui a infeliz capacidade de sofrer por antecipação, principalmente quando não tem a paciência, ou mesmo, a verdadeira fé e confiança em Deus, porém, quando aprende a confiar e antever o radiante futuro que a Divina Providência lhe reserva, passa a sentir a felicidade no próprio presente em que vive.

– Belas e sábias palavras, irmão Flávio. Elas enchem o meu coração de ânimo e esperanças.

– Também senti isso quando as ouvi pela primeira vez, através do irmão Ulysses, logo que para aqui retornei.

Passei algumas horas de agradável convívio com o casal e quando já estava por despedir-me e voltar para a minha habitação na escola, deparei-me na prática com algo que, até aquele momento, somente havia tido conhecimento na teoria das aulas. Encontrava-me próximo à porta e pronto já para abri-la quando ouvimos três batidas que nela foram deferidas, suavemente, pelo lado de fora.

– Alguém está batendo à porta, Flávio.

– Deve ser papai – exclama alegremente Milena – Pode abrir, irmão Soares.

Um senhor de aproximadamente sessenta e poucos anos encontrava-se à soleira. Milena passou por mim e abraçou-o, convidando-o a entrar.

– Entre, papai. Que alegria! Há quanto tempo! Estava com muitas saudades. Tenho orado muito pelo senhor e quando posso tenho procurado acompanhar os seus passos.

– Perdoe-me, filha, se não tenho conseguido vir até aqui mais vezes, mas acredite, está sendo muito difícil para mim livrar-me de meus instintos. Quando aqui consigo vir, sinto uma paz tamanha que prometo a mim mesmo modificar-me, porém, quando retorno, o assédio de entidades a mim ainda ligadas é muito grande. Sei que não posso culpá-las e que, na verdade, deveria tentar modificá-las através de meu exemplo, mas sinto-me, como já disse, muito fraco às tentações da carne.

Nesse momento, lágrimas de arrependimento e, principalmente de vergonha, começam a marejar os olhos daquele homem. Milena e Flávio abraçam-no e convidam-no a sentar-se.

– Por favor, papai, não deixe que esses pensamentos acometam a sua mente neste momento e procure aproveitar estes momentos neste ambiente de paz e de harmonia. Todos

temos que ter paciência, pois sabemos que, quando nos encontramos firmes no propósito de modificarmo-nos, todo o esforço, mesmo que não coroado de pleno êxito, nos traz grande progresso. A propósito, ainda não apresentei o irmão Soares ao senhor. Irmão Soares, este é meu pai. Seu nome é César.

– Muito prazer em conhecê-lo – disse-lhe eu, estendendo-lhe a mão e foi nesse momento que percebi o que estava ocorrendo. Senti uma certa diferença no contato da sua, parecendo-me que ela continha uma densidade um pouco maior da que estava acostumado a observar. Até então, estava mais compenetrado no diálogo entre Milena e ele, procurando mesmo disfarçar a minha presença e não ficando a olhar diretamente para o visitante. Porém, naquele instante, ao olhar mais diretamente para aquele homem foi que percebi o que estava ocorrendo. César era um Espírito ainda encarnado e que ali se encontrava desprendido do corpo físico durante o sono. Um longo fio semiluminoso saía de sua cabeça, atravessando a parede da habitação. Como já havia aprendido, quando encarnados, durante o sono, libertamo-nos temporariamente de nosso corpo físico e entramos em contato com o mundo espiritual, onde podemos entrar em comunhão com boas e bem intencionadas ou com más e mal intencionadas entidades, dependendo de nossa índole e de nossas intenções. Dessa forma, podemos participar de reuniões onde muito podemos aprender e sermos auxiliados na nossa melhoria íntima e até mesmo sermos aconselhados, como, também, podemos dar vazão aos nossos mais mesquinhos e inferiores sentimentos na companhia de entidades voltadas para os prazeres efêmeros da materialidade, do vício e da sexualidade. Também aprendi que dificilmente retornamos ao corpo em descanso com alguma lembrança do que ocorreu quando libertos, porém, certamente, ao acordar, sentir-nos-emos com mais ânimo e esperança para as lutas do dia-a-dia ou, então, mais desanimados e com enorme sentimento de peso e culpabilidade pelo infeliz aproveitamento daquelas sagradas horas. Doutras vezes, vagas e confusas lembranças, misturadas

ao sonho psíquico de nosso cérebro podem dar-nos uma ligeira idéia do que nos ocorreu nesse nosso desprendimento. No caso em questão, o senhor César estava sendo auxiliado ao encontrar-se, durante esse desprendimento, com sua filha Milena e com Flávio, que tudo faziam para ajudá-lo a sair da fixação dos prazeres da carne em que vivia. Muito já havia se modificado, pois, pelo menos, sabia de seus impulsos inferiores e tudo estava fazendo para livrar-se deles, apesar das dificuldades que ainda encontrava.

– O prazer é todo meu, irmão Soares. Ainda não consegui descobrir o que fiz para merecer toda esta felicidade de entrar em contato com minha filha querida e por tanta ajuda que recebo.

– Também tenho sido muito auxiliado aqui pelo irmão Flávio e hoje tive a feliz oportunidade de conhecer a sua filha. Mas agora tenho que deixá-los. Já é tarde e devo recolher-me.

– Irei acompanhá-lo até a escola – oferece-se Flávio. – Precisamos conversar, pois a nossa expedição partirá amanhã bem cedo.

Dizendo isso, despede-se de Milena e de César, no que o acompanho, e convida-me a seguir caminho.

– Bem, irmão Soares, uma das missões dessa nossa expedição é a de tentarmos entrar em contato com Arlete, Espírito feminino profundamente ligado a César. Por várias e sucessivas encarnações viveram um profundo contato afetivo como homem e mulher, na maioria das vezes, de maneira bastante atribulada e não muito correta. Porém, nesta última oportunidade terrestre de César, não foi possível o reencontro, haja vista a necessidade da separação de ambos, por motivos de resgate e aprendizado. Acontece que Arlete, não reencarnando, não se conformou com essa separação e tudo tem feito para separar César de sua atual esposa terrena, numa profunda obsessão para que esta o abandone, por causa dos diversos desatinos do infeliz.

– Entendo.

– E agora descobrimos onde Arlete vive quando não está ao lado de César, assediando-o. Só precisamos encontrá-la.

– E quando a encontrarmos...?

– Tudo faremos para auxiliá-la, no intuito de que entre em sintonia mental conosco e com o Alto para que possamos trazê-la para esta nossa colônia socorrista.

– Não será possível simplesmente trazê-la?

– Não. É necessário que o Espírito em desajuste queira realmente modificar-se intimamente para que possa desvencilhar-se dos laços que o prendem à inferioridade. Fazendo-se uma comparação um tanto grosseira, seria o mesmo que tentarmos demover um alcoólatra a sair de um bar. É necessário que ele se convença da real necessidade de afastar-se daquele local. Se o tirarmos à força, ele simplesmente afastar-se-á do copo, mas não da vontade de beber.

– Entendo, mas qual o problema da irmã Arlete?

– Infelizmente, assim como o irmão César, encontra-se muito presa aos descaminhos sexuais e é naquela zona de sofrimento que iremos visitar, que ela se compraz nesses seus instintos mais inferiores, não somente satisfazendo-se com outras entidades ainda presas a essa viciação como também, e o que é pior, induzindo Espíritos encarnados a cair nas malhas da obsessão, da fascinação e da subjugação nesse campo, o que permite que outras criaturas do além, numa simbiose mental, venham a usufruir desses prazeres. Inclusive, é o que atualmente ocorre com o nosso irmão César. A sua fixação nesses inferiores instintos deve-se ao envolvimento de Espíritos, comandados por Arlete, que encontram nele fácil presa devido à sua predisposição a esse mister, sem se aperceber do mal que está fazendo para si próprio. Não tem noção do quanto virá a sofrer por essa viciação, assim como Arlete e todos os que convivem com esse problema. Hoje, por exemplo, César veio até nós, mas, por outras vezes,

acaba se rendendo aos atributos de Arlete e vai ter com ela durante o desprendimento do sono.

– Irmão Flávio, o sexo é, realmente, uma atividade tão pecaminosa assim?

– Nem sempre, meu irmão. Quando envolvido pelo amor e pela ternura, reveste-se de vibrações amoráveis e de ventura, porém, quando apenas visa satisfazer sensações menos dignas e passageiras, possui caráter deplorável na escalada evolutiva do Espírito.

– Entendo.

– Necessitamos auxiliar Arlete para podermos, da mesma forma, ajudar César, já que ela encontra-se hoje nessa situação, em parte por culpa dele próprio.

Nesse momento já atingíramos a escola. Despedi-me de Flávio e procurei repousar, pois imaginava, de antemão, que grandes emoções aguardavam-me no dia seguinte. Caí rapidamente em profundo sono reparador, acordando bem cedo. Flávio e mais oito outros irmãos já me aguardavam do lado de fora da escola: Célio, Artur, Dionísio, Gilson e Mendes formavam, juntamente com Flávio, a expedição socorrista, propriamente dita, enquanto eu, Ivan, Jorge e Sebastião, éramos os aprendizes. Após as apresentações e alguns esclarecimentos de como deveríamos manter-nos durante todo o trajeto, seguimos rumo ao lado este da colônia, em direção a um dos grande portões devidamente guardados por sentinelas e vigias especializados. Assim que transpusemos essa passagem, alguns cães passaram a fazer parte de nossa expedição, enquanto algumas aves enormes foram soltas, passando a sobrevoar o grupo. Conforme fomos caminhando, o cenário foi se modificando aos poucos, tornando-se cada vez mais rarefeito o ar que respirávamos e a nossa visão foi também ficando limitada, pois que espessa nuvem pardacenta começou a avolumar-se à nossa frente. Apenas conseguíamos avistar, próximos a nós, contorcidos galhos secos de medianos arbustos e nem nossos próprios pés conseguíamos enxergar, devido à espessa fumaça que, além de parecer querer sufocar os nossos pulmões, exalava odores verdadeiramente nauseabundos aos nossos sentidos. Logo, também, começamos a ouvir gemidos e lancinantes lamentos que pareciam provir de lugares mais abaixo de nós. Agucei a visão e percebi que caminhávamos por estreita estrada ladeada por profundo abismo, de onde presumi vir aquelas desesperadas vozes que, parecendo notar a nossa presença, rogavam auxílio e ajuda. Acima de nós dava para notar, de quando em quando, a presença de seres de aparência demoníaca e grotesca, que fiquei sabendo depois tratar-se de formas mentais criadas pela própria condição inferior daqueles abismais habitantes. Mais surpreso fiquei, ao perceber que aquelas enormes aves que saíram à nossa frente, agora devoravam aquelas formas perversas e aterradoras. Caminhamos em silêncio por cerca de uma hora em fila indiana, até que ouvimos Flávio comentar, logo mais à frente:

– Já devemos estar próximos ao campo de saída. Vamos fazer uma pequena pausa, pois preciso fazer mais algumas considerações aos aprendizes.

Paramos todos e fizemos um círculo em volta de Flávio que, após sentida prece endereçada ao Alto, pedindo proteção e sucesso naquela excursão, falou-nos:

– Meus irmãos. Daqui a alguns instantes, atravessaremos um dos muitos campos de saída. Este, em particular, nos dará acesso a um aglomerado de habitações de Espíritos inferiores. Assim que o transpusermos, perceberemos que nossos perispíritos tornar-se-ão mais densos e pesados. Isso será providência necessária para que possamos nos confundir com os habitantes desse lugar e, assim não percebam as nossas reais intenções. Peço a todos que tenham fé em Deus, nosso pai e procurem caminhar em oração, pedindo todo o auxílio ao Alto para que possamos levar a efeito a missão a que

nos propusemos. Não se permitam assombrar-se com o que virem e evitem a todo custo envolver-se com solicitações e convites de qualquer espécie. Enderecem também caridosos pensamentos de amor em direção a todos, não se esquecendo, jamais, que por pior que possam nos parecer, também são todos filhos do mesmo pai e que, um dia, também serão agraciados com a dádiva do recomeço. Conscientizemo-nos também que, certamente todos nós já estivemos nessas mesmas condições e que não nos lembramos, por única e exclusiva dádiva do Criador que nos facultou o bendito esquecimento do passado.

IX

– Ouçam. Régis deve estar chegando com papai – diz Hermínia ao ouvir vozes no andar térreo.

– Ivone! – chama seu Getúlio.

– Já estamos indo! Venham, vamos descer.

Todos dirigem-se, então, até a sala de estar, onde Getúlio encontra-se em pé, com as mãos na cintura e Régis, sentado numa das poltronas, com a cabeça entre as mãos.

– Régis! – exclama dona Ivone, correndo abraçar o moço e dizendo, num só fôlego, tão nervosa se encontra com toda aquela história. – O que foi que você fez, meu filho? Escuta, estamos sabendo de tudo. Ester nos contou. Agora, vamos resolver esse problema. Diga-nos onde está essa jóia e seu pai se incumbirá de procurar esse tal de Carlos e devolvê-la, antes que alguém se machuque e temos também que ajudar essa pobre moça e seus pais.

Régis parece não ouvi-la, continuando com a cabeça abaixada e sem levantar os olhos para ninguém.

– Não adianta, Ivone – diz seu Getúlio, sentando-se pesadamente no sofá – Régis contou-me tudo, mas nega-se a devolver a jóia. Insiste em dizer que é dele.

– Por favor, Régis – suplica Ester – Meus pais e meu irmão correm risco de vida. Se os encontrarem...tenho certeza de que estão à procura. E toda a sua família corre perigo também. Você não sabe com quem está lidando. Carlos pertence a uma quadrilha perigosa. Sei o que estou dizendo. Por favor...

– Ester tem razão, Régis. Você quer colocar em risco a vida de todos nós? – fala, não menos nervosa, Hermínia.

– Aquela jóia é minha! É o camafeu! – berra Régis, descontrolado, dando um salto, subindo correndo as escadas e trancando-se no quarto.

– Volte aqui, meu filho – suplica dona Ivone – Vamos conversar.

– Não adianta, mulher. Não sei o que esse garoto tem. Depois que me contou tudo, pedi a ele que me entregasse a jóia para que eu resolvesse o problema, entregando-a a Carlos.

– E aí? O que ele disse?

– Negou-se peremptoriamente, alegando que eu a entregaria à Polícia.

– E para quem o senhor iria entregar, seu Getúlio? – pergunta Ester. – Para o Carlos ou para a Polícia?

– É lógico que para a Polícia. Não vou ser cúmplice de bandidos.

– Oh, meu Deus. O senhor não sabe o que está dizendo.

– Sei muito bem, minha jovem. Nesses casos, o melhor a fazer é colocar a Justiça no encalço desses bandidos e, se quer saber, pode contar comigo para ajudar a senhora sua mãe, mas não me peça o mesmo para o seu pai e irmão. Não ajudo e nem sou conivente com marginais.

Ester começa a chorar baixinho e Hermínia a abraça, consolando-a:

– Tenha paciência, Ester. Meu pai está nervoso. Fique tranqüila. Nós daremos um jeito de ajudar a sua família.

– O que pretende fazer, Getúlio? – pergunta dona Ivone, sentando-se ao lado do marido.

– Ainda não sei, querida. Você conhece o Régis e sabe como é teimoso. Sinceramente, não sei o que está acontecendo com ele. Nunca o vi desse jeito. Parece transtornado por causa daquela jóia. Não estou entendendo.

– Mas o que faremos? – insiste a esposa.

– Bem, temos que ter calma e raciocinarmos. O que acha disso, Fernando?

– Sinceramente, vejo muito perigo nisso tudo, seu Getúlio. Penso que o mais correto seria tentar convencer Régis.

– Não vejo possibilidade nisso e também não posso ficar inerte. Tenho que tomar alguma atitude. Pelo que ele contou-me, é bem verdade que estamos correndo risco. Imagino que esses bandidos tentarão qualquer coisa para reaverem essa jóia.

– Também penso nessa possibilidade, seu Getúlio. Penso, inclusive que, talvez, fosse prudente que o senhor contratasse alguns seguranças.

– E vamos viver para o resto de nossos dias cercado de guarda-costas?

– O senhor tem razão. Deixem-me tentar falar com Régis. Talvez eu consiga convencê-lo – pede Fernando.

– Isso. Fale com ele, Fernando – pede, angustiada, dona Ivone.

Nesse momento, Régis, com uma mochila nos ombros, desce correndo as escadas e sai pela porta da frente.

– Ei, espere! – grita Getúlio, levantando-se – Volte aqui! Régis!

Sai atrás do filho, mas não consegue alcançá-lo. Fernando corre também, mas o rapaz, muito mais rápido, alcança o carro e dispara em direção ao portão.

– Ligue para o Jonas! Depressa! Diga-lhe para não abrir os portões – pede Getúlio à esposa, que encontra-se na soleira da porta. Esta corre para dentro da casa, enquanto Getúlio gesticula em direção à guarita, gritando para o porteiro:

– Jonas! Jonas! Não abra!

Porém, não dá tempo e Régis sai.

– Será que a jóia está com ele? – pergunta Ester.

– É bem provável – responde Getúlio, desanimado.

– É um tolo. Nesta altura já devem estar seguindo-o – comenta Ester.

– Meu Deus! Isso é verdade! – exclama o homem, desesperado. – Realmente, só há uma providência a tomar. Vou falar com a Polícia. E você vem junto, Ester. Preciso que confirme toda essa história.

– Irei, sim, seu Getúlio. Não vejo outra saída.

***

– Bastante interessante esse relato, seu Getúlio – comenta o Delegado Guimarães, após ouvir tudo, inclusive o depoimento de Ester. – Quanto a você, menina, fique atenta, pois apesar de dizer-me que nada teve com isso, não me sinto muito disposto a acreditar em suas palavras.

– Estou dizendo a verdade, seu Delegado. Por favor, acredite em mim. Nunca cometi um deslize, em toda a minha vida.

– Só o de acobertar bandidos.

– É meu pai e meu irmão. O que queria que eu fizesse? Que os denunciasse?

– A menina não deve ter nada com isso, doutor Guimarães. O que meu filho me contou bate direitinho com a história dela.

– Mas sempre é bom termos cuidado com essa gente.

Ester abaixa a cabeça, envergonhada.

– O que o senhor poderá fazer, doutor Guimarães?

– Bem, o que posso fazer? Vou tentar localizar esse tal de Carlos. Tenho a descrição de alguns dos meliantes que foram reconhecidos pela filha de um dos moradores do prédio. Aliás, a filha do proprietário dessa jóia que o senhor me falou, um valioso camafeu, esteve aqui folheando nossas fichas fotográficas e conseguiu reconhecer pelo menos dois deles. Já temos idéia de onde encontrá-los e estamos fazendo todo o possível para prendê-los. Pode ficar descansado, seu Getúlio. Logo, logo, todos estarão presos. Agora, quanto ao seu filho, preciso de uma foto dele. Por enquanto, já estamos tentando localizá-lo pela placa de seu carro. Agora, tem um detalhe: ele vai ser preso assim que o encontrarmos.

– Preso?! – exclama Getúlio.

– Sim, preso por receptação de roubo se não devolver aquela jóia ao seu proprietário antes de o prendermos.

– Entendo. Mas, por favor, se o encontrar, telefone para mim. Quero que seja assistido por um advogado.

– Pode ficar tranqüilo, seu Getúlio. Já anotei o seu telefone. Assim que o encontrarmos, eu o avisarei.

Enquanto isso, Fernando e Hermínia estão do lado de fora da sala do Delegado, sentados em um banco no *hall* de entrada da Delegacia. De repente, Fernando dá um salto.

– Meu Deus! – exclama, correndo até a porta.

– O que foi?! – pergunta Hermínia, assustada com a reação do moço e seguindo-o até ao pátio de estacionamento. Um carro está saindo.

– Dê-me um lápis e um papel, Hermínia.

– Para quê? – pergunta, abrindo a bolsa e de lá retirando uma caneta. – Não tenho papel.

– Não precisa – responde Fernando, tomando a caneta de suas mãos e escrevendo os dados da placa do carro no próprio punho de sua camisa.

– O que aconteceu, Fernando, e por que está anotando a placa daquele carro? Quem o está dirigindo?

– Espere aqui e volte no carro de seu pai. Preciso ir.

Desculpe-me – fala, agitado, correndo até o seu veículo com o qual dirigira-se até a Delegacia, juntamente com Hermínia.

Desesperado, quase não consegue abrir a porta, atrapalhando-se todo na partida do motor e saindo em disparada.

– Preciso segui-la – pensa, tentando avistar o carro à sua frente, cerca já de uns duzentos metros, porém com muitos outros separando-os na movimentada avenida. – Será que é mesmo ela? – pergunta-se, pois parecera ter visto a misteriosa moça do *shopping* no volante, no pátio da Delegacia. Não poderia ter-se enganado. Seu coração disparara ao vê-la.

Fernando consegue segui-la por cerca de quinze minutos. O coração continua agitado no peito e um suor nervoso começa a molhar o seu corpo, principalmente porque não sabe o que irá fazer quando ela estacionar. Deveria abordá-la ou apenas tomar nota de seu endereço? Continua procurando o carro por entre os demais. Trata-se de um modelo esporte vermelho, inclusive de procedência estrangeira, pelo que pôde perceber. De repente, um semáforo impede a continuação do trânsito numa esquina e Fernando desespera-se ao perceber que o veículo vermelho já o havia atravessado, continuando o seu caminho e virando à esquerda, numa próxima esquina.

– Meu Deus! Vou perdê-la! – grita consigo mesmo. – Vamos, semáforo! Dê o verde! O verde! O verde!

Porém, quando o trânsito é novamente permitido, Fernando não consegue dobrar à esquerda, naquela esquina, pois encontra-se no lado direito da avenida e muitos carros vedam-lhe a passagem. Procura, então, contornar pelo outro lado a fim de retornar ao local, desta feita, de maneira propícia.

– Tenho certeza de que não a encontrarei mais! – desespera-se. – Mas não tem importância – consola-se, – tenho o número da placa de seu carro. Por ele, encontrarei o seu endereço. E tomara que seja ela mesmo. Não posso ter-me enganado. Sim, tenho certeza. Desta vez, conseguirei descobrir quem é.

Mesmo assim, continua a busca, percorrendo as ruas

adjacentes àquele local e seguindo por provável caminho que ela poderia ter feito, através de outra larga avenida, mas em vão. Realmente, reconhece tê-la perdido no tumultuado trânsito daquela metrópole. Nessa altura já se passam mais de duas horas desde que saiu da Delegacia. Lembra-se, então, de Hermínia e de todo o problema por que passa.

– Como irei explicar-lhe essa minha súbita e desesperada saída, abandonando-a daquela maneira? Já fiz isso no baile. Será que já foram para casa? – pensa. – Bem, mas não faz mal. Pelo menos tenho uma pista. Depois explico tudo a Hermínia. Ela irá entender-me. Agora preciso tentar descobrir alguma coisa a respeito desta placa.

Fernando procura, então, um amigo que é despachante policial que o informa que não será difícil localizar o nome e endereço através da numeração da placa, mas que terá que fazê-lo na segunda-feira. É sábado e dificilmente conseguiria.

– Mas, por favor, Miguel – roga Fernando, – faça esse grande favor para mim.

– Fique tranqüilo. Ligue-me na segunda-feira e eu o ajudarei.

– Muito obrigado, Miguel.

Fernando resolve, então, procurar o seu amigo Álvaro, pois precisa falar com alguém. Sente necessidade de desabafar tudo o que lhe passa pelo coração e, também, trocar algumas idéias sobre o problema de Régis e de sua família.

* * *

– Fernando, mas que surpresa! Entre. Infelizmente Eliana não se encontra, mas não vai demorar. Apenas saiu para umas compras. De onde você vem vindo? Parece cansado.

– Você não pode imaginar tudo o que me aconteceu desde a hora do almoço.

– Você almoçou, Fernando?

– Almocei na casa de Hermínia, quer dizer, almocei mais ou menos.

– Na casa de Hermínia? Muito bem. Sabia que eu ainda conseguiria aproximá-los novamente. Estou muito contente.

– Não é nada disso, Álvaro. Fui lá apenas para apanhar alguns livros sobre Espiritismo e acabei ficando para o almoço, mas você não pode nem imaginar o que aconteceu. Não pode imaginar o problema que aquela família está passando.

– Problema, Fernando? Que tipo de problema?

Fernando conta tudo a Álvaro, inclusive o último episódio com a moça do *shopping*.

– Parece que desta vez você conseguirá, realmente, encontrar-se com ela – comenta Álvaro. – Mas é incrível, essa história que contou-me. Uma grande enrascada mesmo. Mas por que será que Régis nega-se a devolver essa jóia? Não pode ser pelo seu valor, por maior que possa ter, pois ele tem tudo o que quer. Seu Getúlio é muito rico.

– Também não consigo entender, Álvaro. Régis sempre me pareceu muito equilibrado. Não parecia ser a mesma pessoa que conheci e com quem convivi por todo o tempo que namorei Hermínia.

– Há algo de muito estranho nisso tudo. Agora, que a Polícia irá apanhá-lo, disso pode ter certeza. E o pior é que será preso e acusado de receptação de mercadoria roubada. E isso é muito grave.

– Receio algo muito pior.

– O quê?

– Que Carlos consiga encontrá-lo antes que a Polícia.

– É verdade. Não havia pensado nisso. Mas, também, ele não poderá ficar eternamente dando voltas pela cidade. Deve estar se dirigindo para algum lugar. Será que Ester ou Hermínia não saberiam informar os lugares que costuma ir?

– Você tem razão. Deixe-me usar o seu telefone. Vou ligar

para a casa de Hermínia. Quem sabe não conseguirei encontrá-lo? Tenho que fazer alguma coisa.

– Ligue para ela e, se houver essa possibilidade, iremos procurá-lo.

Fernando, então, liga para a moça, desculpando-se pelo ocorrido e prometendo dar-lhe uma explicação na primeira oportunidade. Hermínia diz que vai conversar com Ester e tentar descobrir onde o irmão possa ter ido e que assim que tiver uma pista, telefonará de volta, informando-os. Fernando desliga o aparelho e ficam aguardando. Nesse momento, chega Eliana com Marina, sua filhinha. Álvaro coloca-a a par de tudo.

– Meu Deus! Pobre dona Ivone! Que história mais incrível! E vocês pretendem localizar Régis? Não acham isso muito perigoso? Tenho medo, Álvaro.

– Não se preocupe, querida, teremos muito cuidado. Não iremos nos expor em demasia e alguém tem de fazer alguma coisa.

– Posso ir sozinho, Álvaro. Não há necessidade de vir comigo, se porventura Hermínia tiver alguma idéia de onde Régis possa encontrar-se.

– Irei com você, sim, Fernando. Também tenho muito carinho para com aquela família e devo fazer alguma coisa. Não me sentiria bem se não o fizesse.

– Sei disso, mas... – tenta argumentar Fernando, interrompendo as palavras ao ouvir a campainha do telefone.

– Alô? – atende Eliana que está mais próxima do aparelho – Hermínia? Sim, é Eliana. Pode falar... Sim... Ele está aqui...Um momento... É Hermínia. Quer falar com você, Fernando.

– Alô? Sim...Você tem uma idéia de onde Régis pode ter ido...? Sei... Ester quem teve essa idéia...Então, por favor, Hermínia, descreva-me como fazer para chegar até lá...Sei...estrada norte...à esquerda pelo campo de futebol...sim...conheço...sigo em frente até um posto de gasolina...? sim...mais algumas quadras e à esquerda uma saída com a indicação da Vila...não entendi... repita...sei...agora entendi...depois de umas dez quadras mais ou menos, vou avistar um depósito d'água...dobro à esquerda...no fim da rua...entendi...a rua não tem saída...do lado esquerdo, uma construção nova...certo. Escute, Hermínia. Eles iam sempre lá?...Algumas vezes...Não? Ah, sim...melhor, porque se fosse um costume irem até lá, não teria sido uma feliz idéia da parte dele...é...eu sei...com certeza, Carlos já deve ter verificado todos os lugares que costumam freqüentar. Ester acha que ele pode ter ido até lá pedir ajuda e abrigo...Bem, eu e Álvaro iremos...Sim, pode ficar tranqüila. Teremos o máximo de cuidado...Quem? Seu pai? Não, ele não deve ir, não, pois devem estar vigiando os passos dele. Acredito que ninguém deve me conhecer e, muito menos a Álvaro...está bem...obrigado...certo...se tiver alguma notícia ligo para vocês, imediatamente. Ah...A propósito, diga-me o número da placa do carro de Régis...Tá...já anotei...Tudo bem...Tchau.

– E então? – pergunta Álvaro.

– Hermínia conseguiu com Ester uma informação importante. Diz ela que ultimamente eles costumavam freqüentar um Centro Espírita na periferia da cidade.

– Um Centro Espírita? E o que iam fazer lá? – pergunta Álvaro.

– Não sei, pois nem Hermínia, que é espírita, sabia disso – responde Fernando – Talvez procurassem respostas para as coisas da vida, talvez, curiosidade.

– E você sabe como ir até lá? – pergunta Eliana.

– Sei.

– Vocês irão agora? Logo, logo, estará escuro. Por que não deixam para amanhã cedo?

– Penso que devemos ir já, Eliana, mesmo porque, se ele não estiver lá, amanhã de manhã poderemos procurar em algum outro lugar que Ester puder nos informar. Não se preocupe. Se virmos alguma movimentação estranha, chamaremos a Polícia.

– Está bem. Tenham muito cuidado, então.

– Fique tranqüila. Vamos, Fernando.

X

Após as recomendações do irmão Flávio, voltamos a caminhar em fila. Andamos por cerca de uns quinhentos metros até que o ambiente modificou-se radicalmente, fazendo-nos estacar por alguns instantes por causa do verdadeiro choque sofrido. O ar tornou-se mais abafado, o odor mais acre e nossos corpos perispirituais pareciam-nos pesar o dobro, causando-nos dificuldade para nos acostumarmos. Irmão Flávio solicitou-nos cautela, muita fé e que nos mantivéssemos em silenciosa oração, procurando sempre o contato com o Alto. Atendendo o pedido, assim o fizemos e, dentro de poucos instantes, sentimo-nos mais aptos para continuar a empreitada. Nesse novo ambiente, o sol nos parecia mais apagado e tudo ao redor refletia matizes que variavam do verde escuro ao marrom e as luzes que porventura encontrávamos, iam do amarelo escuro ao vermelho vinho. Falo em luzes porque estávamos na entrada de estranha cidadela que possuía iluminação provinda de muitos archotes. Nesse local, muitas eram as ruas com casas que não saberia dizer se estavam em vias de serem acabadas ou recém destruídas, tamanho era o caos que transpareciam. Mas pior era a exteriorização de seus habitantes, que mais pareciam figuras vindas de cruel batalha. Todas, com exceção de algumas que mantinham-se deitadas ou encostadas pelas paredes, iam e vinham, parecendo repletas de atividades, porém podíamos perceber que assim o faziam devido ao grau de estupidez estampada em suas expressões. Davam-nos pena e, ao mesmo tempo, um certo receio que procurávamos afastar com o pensamento em prece. Muitas chegavam até nós e proferiam as mais variadas imprecações e ameaças, mas não chegavam a nos agredir. Continuamos lentamente a nossa caminhada até que uma entidade saiu de uma porta a cerca de uns trinta metros à nossa frente e dirigiu-se pesadamente até nós. Era por demais grotesco: muito alto e forte, carregava enorme corcunda que o fazia balançar-se todo ao movimentar o corpanzil. Estacou à nossa frente, de maneira ameaçadora.

– Quem são vocês? De onde vêm? – perguntou-nos com voz rouca e forte.

– Você é o Corcunda, não? – perguntou-lhe o irmão Flávio.

– É assim que me chamam por aqui – respondeu, indicando e fazendo-nos segui-lo até um lugar ermo e escuro. Parecia não querer ser visto conosco.

– Viemos por indicação de um amigo que pediu-nos o procurasse.

– E para que estão me procurando?

– Queremos que nos ajude a encontrar uma irmã que tivemos notícia encontrar-se aqui.

– Ajudá-los?! – vocifera o corcunda, bem alto. – Aqui ninguém ajuda ninguém! Por que deveria ajudá-los?!

E antes que Flávio pudesse responder-lhe, o corcunda, olhando para todos os lados, como que examinando se ninguém estava dando atenção à conversa, perguntou baixinho:

– Quem os enviou até mim?

– Rodrigues nos enviou – respondeu, disfarçadamente, Flávio.

– E como está ele? Faz muito tempo que não o vejo. Penso que esqueceu-se de mim.

– Rodrigues não o esqueceu, não, Corcunda, inclusive

pediu-me para dizer-lhe isso e que tenha mais um pouco de paciência que logo, logo, será auxiliado também.

– Trouxe a foto?

– Trouxe – respondeu Flávio, tirando um papel de dentro de sua vestimenta e entregando-o para ele que, após meticuloso exame, cerrou os olhos como quem estivesse tentando se lembrar e, devolvendo-a, falou:

– Penso que sei onde se encontra, mas não garanto que terão sucesso com ela.

– Por que?

– É muito revoltada e presta-se aos mais diversos serviços, não se importando com o tipo de atividade, desde que isso lhe renda mais uma ilusão.

– Ilusão? – perguntou o irmão Flávio.

– Sim, ilusão. Ela presta serviços para o novo chefe daqui.

– Novo chefe?

– Sim, e o pior que este lugar já teve. Sua maldade vem atravessando muitas e muitas encarnações. Na verdade veio há pouco tempo para cá e já conseguiu tomar o lugar do outro. É muito inteligente, velhaco e possui uma capacidade mental extraordinária.

– E como é o nome desse novo chefe?

– Cúrcio é o seu nome.

– Mas o que vem a ser essa tal de ilusão?

– É um tipo de hipnotismo, sugestão, sei lá o quê. Quem o pratica é seu braço direito, um velho religioso, que interpreta tudo às avessas.

– Tudo às avessas?

– Sim. Ele carrega sempre consigo uma grande livro que diz ser a voz e a vontade do Senhor e que este ordenou que ele a praticasse tudo ao contrário, pois quando de sua última

encarnação tentou praticá-la ao pé da letra e não teve a resposta desejada. É um louco, como todos daqui.

– E a ilusão?

– Ah, sim. No caso específico dessa mulher, ele a faz viver, mentalmente, as aventuras amorosas que ela desejar naquele momento. Isso tornou-se um vício para ela, aliás aqui neste lugar, todos são viciados em algo e trabalham e obedecem a Cúrcio em troca da satisfação de suas vontades, pagando um alto preço por isso, no terrível sofrimento na luta travada por suas consciências, principalmente no que tange aos trabalhos que têm que realizar como forma de pagamento, como já disse, do alto preço cobrado pela satisfação de seus desejos. Mas já conversamos muito. Logo começaremos a atrair a atenção dos outros e quem conversa muito por aqui, logo é encarado como um traidor e acusado como tal, principalmente se estiver conversando comigo.

– E você? Vai se arriscar por nós?

– Assim é que vivo. Agora, vamos fazer o seguinte: irei na frente e vocês me seguem à distância, pois se alguém da guarda de Cúrcio os vir comigo, serão presos e torturados. Sigam-me e se algo me acontecer, escondam-se a aguardem a minha volta. Dizendo isso, a colossal figura voltou à rua e começou a caminhar bem rente à parede das construções, procurando sempre esconder-se nas sombras. Disfarçadamente, começamos a segui-lo, da maneira como havia nos solicitado. Caminhamos por diversas ruas e vielas, até que numa bem estreita, o irmão Flávio estacou de repente, fazendo-nos sinal para que nos escondêssemos. Esgueirando-nos por entre velhas pilastras de estranha construção, procuramos colocar-nos em posição que nos fosse favorável espiarmos o que estava acontecendo.

– Parece que cercaram o Corcunda – sussurrou Ivan ao meu lado.

– Silêncio – pediu-nos Dionísio, logo atrás de nós – Apenas observem.

Realmente, o Corcunda estava cercado por cerca de dez entidades, todas armadas com instrumentos de luta. Uma delas, que parecia ao longe ser Cúrcio, mencionado pelo nosso guia, tomou a palavra, moldada por entonações de grande ódio.

– Quer dizer que ainda não aprendeu a lição, não é, seu porco corcunda?! O que quer?! Deseja que o transforme em um grande suíno condenado a rastejar-se por toda a eternidade?!

– Você não irá conseguir nunca, chefe – disse um dos integrantes do grupo. – Ele é tão estúpido que não consegue sentir ódio, nem mesmo quando o surramos.

– Não sente ódio? Vamos ver se não me odiará depois desta surra!

– Não sentirei ódio – gritou o corcunda. – Não sentirei ódio porque todos vocês são meus irmãos.

– Ninguém aqui tem um irmão como você, seu estúpido! Aliás, diga-me uma coisa: o que está fazendo aqui, heim?! Será que veio para cá apenas para aborrecer-nos?! Fale!!! – gritou o chefe, desferindo forte pancada no corcunda com uma barra de ferro cheia de pontas, arrancando-lhe lancinante grito de dor. – Fale!!! Grite!!! – bradou novamente e, desta feita, bateu-lhe fortemente na cabeça, enquanto os outros desferiam-lhe também fortes golpes com outros instrumentos, até deixar o corcunda completamente inconsciente. Quando se cansaram de surrá-lo, foram embora, deixando-o inerte ao solo.

– Vamos ajudá-lo – sussurrou um dos aprendizes ao irmão Flávio que, calmamente, sentou-se no chão, convidando-nos a imitá-lo.

– Vamos aguardar. Façamos uma prece para o nosso amigo.

– Não vamos ajudá-lo? – insiste o aprendiz Jorge.

– Ele, neste momento, já está sendo auxiliado. Mantenham a calma e confiem em mim. Vamos orar silenciosamente.

Olhei detidamente para o enorme corpo tombado ao solo e pude ver o grande ferimento em sua cabeça de onde o sangue escorria abundante. Cerrei, então, os olhos e dei início a uma silenciosa prece em seu favor. Cerca de meia hora se passou até que o Corcunda se levantasse e viesse até nós, escondendo-se também por dentre as pilastras.

– Tudo bem, meu irmão? – perguntou-lhe Flávio.

O nosso mais recente amigo limitou-se a menear a cabeça afirmativamente. Parecia estar, ainda, sob o efeito do desmaio.

– Seu ferimento desapareceu! – exclamou Sebastião, o outro dos aprendizes. – Nem um sinal, nem mesmo de sangue!

– A mãezinha dele o curou – respondeu Flávio, sorrindo – Vamos esperar que se recomponha.

– Sua mãe o curou? – perguntei, desta feita.

– Essa é uma longa história, meus irmãos, mas tentarei resumi-la para vocês. O Corcunda, numa vida passada, foi um rico senhor de terras que não soube bem utilizar a sua riqueza e muito menos o poder que detinha sobre o povo de sua herdade. Governava com mão de ferro e pelo pavor que os habitantes daquelas terras sentiam por ele. Por qualquer motivo, ordenava que seus soldados castigassem duramente o que ele denominava de infrator de sua lei. Na verdade, sentia enorme prazer com isso. Tanto castigou que, ao desencarnar, passou a exteriorizar, fisicamente, todos os efeitos de seus castigos. Por esse motivo é que detém enorme corcunda, braços e pernas tortos e rosto horrivelmente defeituoso, como podem notar. Muito sofreu por todos estes séculos, principalmente pela perseguição que se viu alvo de todos aqueles que não conseguiram perdoá-lo. Vejam os irmãos, que não somente seremos cobrados pelo mal que causamos, mas principalmente pelo ódio que instalamos nos corações de nossas vítimas. Muito tempo passou-se até que seu orgulho fosse quebrado e pedisse auxílio ao Alto. Suplicava por oportunidade de resgatar todos os seus débitos. E foi assim que começou o trabalho que vem realizando há muitos anos que é o de encontrar para as equipes socorristas, entidades moradoras deste local e que devam ser visitadas por essas equipes. Seu trabalho consiste em olhar para uma foto do Espírito procurado e

buscar no interior de sua mente onde já o viu habitando, já que conhece este local como ninguém, como a palma de sua mão. Porém, os que governam esta cidadela constantemente o castigam pelo que faz, assim como vocês acabaram de assistir. Tentam fazê-lo sentir ódio ou revolta para conseguirem colocá-lo à mercê de suas intenções e poderes, mas não o conseguem e quando ele desmaia de dor pelo castigo, vão-se embora. Nesse momento, desprende-se desse corpo perispiritual que habita e encontra-se com sua querida mãezinha que o acolhe em seu seio e lhe dá forças para continuar nessa sua missão até que, um dia, possa vir a ser libertado desse seu resgate para, então, dirigir-se a uma colônia de refazimento e recomeçar uma nova vida. E quando ele volta desse seu sono, onde encontra-se com a mãe querida, demora-se um pouco para recuperar-se da profunda felicidade vivida. Vejam seu olhar: parece o de uma criança, em paz com o mundo.

– Que história mais linda, irmão Flávio – comentou o aprendiz Jorge, com as lágrimas a lhe escorrer pelas faces, da mesma forma que a todos nós. Mais alguns minutos se passaram e o Corcunda voltou ao normal, dizendo:

– Rendo graças a Deus que concedeu-me tamanha oportunidade e perdoou todos os males que causei. Rendo graças à enorme fé e esperança que trago no coração.

– Que Deus nos abençoe a todos – complementou o irmão Célio, um dos socorristas.

– Vamos continuar a nossa jornada – convidou-nos o Corcunda. – Pelo menos, Cúrcio não virá em meu encalço tão cedo novamente, mas de qualquer maneira sigam-me à distância. Não convém abusarmos da sorte.

– Faremos o que nos aconselhar, Corcunda – concordou Flávio.

Caminhamos por mais uns quinze minutos, aproximadamente, por entre labirintos e mais labirintos de ruas, todas desencontradas e sem nenhum planejamento urbano, por entre entidades horríveis e extremamente revoltadas que, constante-

mente, nos emitiam gritos e ameaças. Enorme era o caos daquele lugar fétido, sujo e enevoado. Muitas vezes tínhamos que forçar a visão para podermos enxergar detalhes nas construções que se amontoavam como se tivessem sido jogadas umas ao lado das outras, sem nenhum cuidado.

– Esta é a casa que ela habita – mostrou-nos o Corcunda, defronte de uma habitação escura e de onde partiam negros fios pela porta quebrada e pelas janelas sem vidraças – Vocês podem entrar. Espero do lado de fora.

– Vocês quatro esperem-nos aqui – pediu-nos o irmão Flávio, tomando a dianteira e entrando naquele local, seguido pelos outros Espíritos socorristas. Alguns bons minutos se passaram e saíram vindo ter junto a nós, informando: – Nossa irmã Arlete realmente mora aqui, porém não se encontra no momento. Consegui a informação de que está no plano material, em missão obsessora, na residência de César.

– Na residência de César? – perguntei.

– Sim.

– E o que faremos?

– Vamos aguardar o seu retorno, a fim de falarmos com ela.

O Corcunda conversou com algumas entidades daquele local e conseguiu que ficássemos instalados numa casa em frente, onde esperaríamos a volta da infeliz. Essa providência, informou-nos ele, foi tomada para que não chamássemos muito a atenção. Assim que entramos no local, Espíritos de deplorável compleição afastaram-se de nós, dirigindo-se para um outro cômodo. Percebemos que, apesar de nosso corpo perispiritual encontrar-se igualmente pesado como o de todos ali, não possuíamos o esgar do sofrimento em nossas fisionomias e muitos deles tinham receio de comprometer-se com algum possível contato conosco. Sabiam que se Círcio descobrisse a nossa presença e percebesse que haviam nos auxiliado, fatalmente os puniria. Mantivemo-nos por mais algumas horas em silêncio e prece até que, num instante em que imaginei já estarmos em adiantada madrugada terrestre, Dionísio, um dos Espíritos socorristas que estava incumbido de vigiar a entrada da casa de Arlete, veio nos avisar de sua chegada. Descemos até a rua e qual não foi a minha surpresa em ver que ela se encontrava acompanhada de César, neste momento desprendido através do sono. Arlete, realmente, era uma figura marcante: cabelos negros até os ombros, possuía uma cútis bastante morena e vestia-se com sumários trajes negros. Seu rosto possuía um tipo de beleza oriental, com os lábios e unhas pintados de vermelho e as linhas dos olhos pronunciadas por pintura escura e ao mesmo tempo brilhante. César parecia fascinado e podíamos perceber o mesmo no olhar da infeliz. Entraram na casa e, desta feita, todos nós os seguimos.

– Que invasão é esta?! – berrou Arlete ao ver-nos em seu quarto – Você?!

– Flávio? – exclamou César, bastante surpreso.

– O que querem?! – berrou mais alto ainda a mulher.

– Viemos até aqui para ajudá-la e a César – respondeu mansamente o irmão Flávio.

– Que ajuda? Não necessitamos da ajuda de ninguém. Caiam fora daqui ou irão se arrepender amargamente.

Naquele momento, percebemos a indecisão de César, que dirigia seu olhar de Arlete para Flávio e vice-versa, parecendo não saber o que fazer, numa expressão mista de vergonha e de surpresa. Deu-me pena vê-lo dessa maneira. Dava nitidamente para perceber que sabia estar errado, porém, não conseguia desvencilhar-se da atração que o prendia fortemente àquela mulher, com quem vivera as mais incríveis aventuras por várias encarnações.

– César – ordenou Flavio –, você tem que voltar. Acompanhe nosso irmão Artur que o levará até Milena. Depois conversaremos.

– Não vá!!! – ordenou Arlete. – Fique!!! Somos um do outro há muitos séculos! Tenho muito mais direitos sobre você!

Naquele momento, diante da grande dúvida de César quan-

to ao que fazer e a quem obedecer, o irmão Célio aproximou-se dele e, dirigindo suas mãos em direção à sua cabeça, aplicou-lhe passes, no intuito de fortalecer-lhe o íntimo e acalmar os seus anseios. César, então, acabou perguntando:

– E o que farão com ela, se eu me for?

– Pode ficar tranqüilo, César. Estamos aqui para auxiliá-la.

– Não saia daqui, César! – gritou a mulher, mais uma vez. – Não vá ou irá se arrepender!

César, porém, auxiliado por Artur, começa a caminhar em direção à porta e Arlete, percebendo que perderia aquele embate, habilmente mudou o rumo de sua conversa:

– César, por favor – pediu, mansamente. – Não me abandone. Tenho muito medo. Fique aqui comigo.

César, no entanto, neste momento, praticamente apático em conseqüência dos eficazes passes, deixou-se levar.

– Não vá!!! – gritou Arlete, mais uma vez, desta feita, com uma voz aguda e estridente. – Você me paga! Covarde!

– Oremos por ela – pediu-nos o irmão Flávio.

Cerramos, então, os nossos olhos e proferimos íntima rogativa a Deus em favor daquela sofredora mulher.

– O que estão fazendo?! O que estão fazendo?! Parem! Parem! Cúrcio! Me ajude! Cúrcio!

Terminamos a prece e abrimos os nossos olhos, surpreendendo-nos com o que vimos. Enquanto estávamos orando em benefício de Arlete, profunda transformação operou-se nela. De marcante beleza, transformou-se no que realmente era: horripilante figura feminina, difícil de descrever, pois parecia ter envelhecido dois séculos, tamanha a decrepitude de seu corpo, retorcido para a frente. Seu rosto merecia comiseração. Sentindo as forças esvaírem-se-lhe, Arlete, lentamente, com todas as forças que pôde juntar, dirigiu-se até um grande espelho que se encontrava numa das paredes. Ao ver sua imagem refletida, emitiu surdo grito, desfalecendo logo em seguida.

XI

Já são perto de oito horas da noite quando Fernando e Álvaro, após longa viagem por diversos bairros da periferia da grande cidade, chegam ao local descrito por Ester e facilmente encontram o Centro Espírita, pois alguns veículos encontram-se estacionados defronte dele. Quando passam em frente, lêem o nome pintado na parede: Centro Espírita Allan Kardec.

– Isto aqui está movimentado – comenta Fernando, reportando-se ao grande número de carros estacionados.

– O que acha que devemos fazer? Vamos entrar?

– Vamos primeiro verificar se o carro de Régis está estacionado por aqui.

– Bem lembrado.

Fernando e Álvaro começam, então, a procurar pelo carro do rapaz, encontrando-o na primeira esquina.

– É este aqui. Veja a placa. Realmente, Régis deve estar lá dentro.

– E o que faremos?

– Bem...vamos entrar com cuidado e examinarmos o ambiente. Precisamos arrumar um jeito de falarmos com ele sem que fuja de nós.

– Vamos lá.

Entram no Centro por uma porta central, após subirem alguns degraus de uma pequena escada de alvenaria. Cerca de oitenta pessoas encontram-se lá dentro e Álvaro e Fernando limitam-se a examinar o ambiente. Trata-se de um salão simples e humilde, com vários bancos de madeira onde as pessoas encontram-se sentadas, voltadas para o fundo, onde há uma mesa comprida, cercada por vinte cadeiras e tendo atrás, pintada na parede, a frase: "Nascer, morrer, renascer ainda, progredir sempre, tal é a lei". À frente dessa mesa e de frente para o público, um homem, de cerca de uns sessenta e poucos anos, fala para os presentes, palavras de fé, consolo e esperança, calcadas, pelo que podem apurar, nos ensinamentos de Jesus. Nesse momento, o homem que depois ficam sabendo denominar-se Pedro Bastos, dirigente daquele Centro, faz uma pequena pausa na preleção, enquanto que os dois amigos passam a percorrer, com os olhos, a platéia que se encontra de costas para eles, a fim de localizarem Régis.

– Lá está ele, Álvaro – sussurra Fernando, apontando para o jovem que se encontra sentado no primeiro banco, logo à frente de seu Pedro.

– O que faremos?

– Vamos esperar o término da reunião e depois veremos o que fazer.

– Vamos ficar naquele canto ali. Se Régis olhar para trás, fatalmente irá nos ver.

– Boa idéia.

Fernando e Álvaro dirigem-se a um dos cantos da sala, onde ficam protegidos da visão do rapaz por algumas pessoas que lá se encontram em pé. Aproveitam, então, para ouvir o que o médium está dizendo.

– E o momento é crucial, meus filhos – comenta seu Pedro, recomeçando e atendendo a uma pergunta feita por um dos presentes. – Devemos todos ligarmo-nos mais às coisas de Deus e dos bons Espíritos, pois cada vez mais, a natural mediunidade encontra-se desenvolvida em todos os homens e esse fato, que deveria ser um grande passo em direção à evolução do Espírito encarnado, infelizmente poderá originar uma grande catástrofe, se a humanidade não se der conta dessa sublime ferramenta que Deus nos oferece, a qual devemos aproveitar para sintonizarmo-nos cada vez mais com as entidades do Bem. O que está ocorrendo é que os Espíritos encarnados, médiuns espontâneos que são, pela própria busca dos prazeres efêmeros e materiais, acabam entrando em sintonia com Espíritos inferiores que agarram-se a eles em busca da matéria a que tanto anseiam e, pela própria inferioridade que detêm, os influenciam a cair nas redes da angústia e da depressão, cada vez mais freqüente no dia-a-dia da humanidade. Preparemo-nos, pois, meus filhos, a fim de evitar essa influência que existe de baixo para cima e busquemos, no exemplo edificante de nossas vidas, influenciar essas pobres e sofridas criaturas que caminham passo a passo conosco. E, mais importante ainda: procuremos levar essas verdades a todos os outros que não a conhecem. Somente com o verdadeiro amor de Jesus é que o homem poderá viver em paz consigo mesmo e com seus semelhantes aprendendo, inclusive, a conviver com o progresso material que caminha a passos largos, fazendo com que essa evolução material seja-lhe instrumento de felicidade.

– Bastante sábio esse homem – comenta Fernando com Álvaro.

– Também estou muito impressionado com ele.

Seu Pedro, após mais algumas considerações sobre a situação do homem na atualidade e da importância de que ele se volte à Espiritualidade, encerra a palestra com uma bonita prece, carregada de muito amor, convidando, em seguida, a permanecer no local aqueles que desejem falar com ele. Fernando e Álvaro continuam onde estão e enquanto aguardam que as pessoas saiam do recinto, sentam-se num dos últimos bancos. Cerca de umas vinte pessoas permanecem no local, fazendo fila para trocar algumas palavras com o médium, enquanto Régis continua sentado. Após atender a todas com muita atenção, seu Pedro volta-se para os dois:

– Querem falar comigo também?

No mesmo momento, Régis volta-se e, percebendo a presença dos dois, dá um pulo do banco, afastando-se em direção a seu Pedro..

– O que estão fazendo aqui? – pergunta, assustado – Por que me seguiram? Eu não vou com vocês.

– Tenha calma, Régis – pede Fernando. – Não queremos levar você a lugar nenhum. Apenas queremos conversar.

– Não tenho nada para conversar.

Seu Pedro limita-se a observá-los e é Álvaro quem fala agora:

– Régis, por favor, ouça-nos. Você está correndo perigo de vida e seus familiares também. Além do mais, se a Polícia o apanhar com aquela jóia, será preso como receptador. Você tem que devolvê-la.

– Nunca! Não vou devolver o que é meu! Nunca! E se a Polícia me apanhar não poderá me prender por muito tempo, pois não terão a prova material. Minha jóia, o camafeu, está muito bem escondido.

– Sua jóia? O seu camafeu? Não estou entendendo, Régis. Aquela jóia nunca foi sua. Foi roubada. O que está querendo dizer? – pergunta Fernando.

– Estou dizendo que ela é minha. Sempre foi minha.

– Escute, Régis, vamos conversar, por favor – pede Álvaro, cochichando, em seguida, a Fernando: – Acho que Régis não está em seu juízo perfeito. Será que está drogado? Olhe seus olhos.

– Já disse que não quero conversar com vocês. Por favor, seu Pedro, mande-os embora.

O médium que, até então, mantivera-se em silêncio, coloca as mãos por sobre cabeça de Régis e pede-lhe com carinho:

– Acalme-se, meu filho, e procure controlar-se. Sente-se novamente e vamos conversar.

– Com o senhor eu converso. Com eles não.

– Está bem. Então iremos conversar somente nós dois. Por favor, meus filhos – pede, dirigindo-se a Fernando e Álvaro –, aguardem um pouco do lado de fora. Logo farei com que retornem.

Os amigos entreolham-se e obedecem, deixando seu Pedro a sós com o rapaz.

– O que será que deu nele, Álvaro? Régis parece tão estranho.

– Só pode ter tomado algum tipo de droga. Seus olhos, como já disse, parecem os de um louco. Você notou? Parecem esgazeados.

– Sinceramente, não estou entendo nada.

Permanecem ali fora da casa por cerca de vinte minutos, até que seu Pedro vem convidá-los a entrarem novamente.

– Onde está ele? – pergunta Fernando ao perceber que Régis não mais se encontra no salão.

– Venham vê-lo – convida o homem.

Dirigem-se, então, até uma porta lateral nos fundos do salão que dá acesso a um pequeno quarto. Régis encontra-se dormindo numa das duas camas existentes naquele cômodo.

– Está dormindo?

– Sim. Está muito cansado e seria bom que ele passasse a noite aqui. Tomarei conta dele.

– Mas, afinal de contas, o que está acontecendo? Ele lhe falou a respeito da jóia?

– Régis, por acaso, está drogado? – pergunta Álvaro.

– Vamos nos sentar aqui – convida o médium, apontando um banco na lateral do salão. – Estou sabendo a respeito da jóia, sim, e podem ficar tranqüilos, Régis não está drogado. Encontra-se, sim, fascinado.

– Fascinado?

– Sim, fascinado.

– O que vem a ser isso? Fascinado pela jóia?

– Mais ou menos. Na verdade, fascinação é um termo que utilizamos para designar quando alguém encontra-se num determinado grau obsessivo. O primeiro grau denominamos de obsessão simples, o segundo, de fascinação e o terceiro, de subjugação.

– Continuo a não entender.

– Vou tentar ser o mais claro possível, apesar de ser impossível dar-lhes uma explicação completa a respeito disso com apenas algumas poucas palavras. Na verdade, Régis possui uma mediunidade bastante sensível e quando aquelas jóias foram ter em suas mãos, essa peça, em especial, encontrava-se sob, digamos assim, a proteção de uma entidade espiritual profundamente ligada a ela desde um passado remoto. É preciso que entendam que quando abandonamos o corpo físico, após a morte deste, ainda continuamos a possuir as mesmas características de quando encarnado, ou seja, as mesmas virtudes e as mesmas inferioridades. No caso das inferioridades, refiro-me ao egoísmo, à vaidade, à inveja, ao ciúme e, muito especialmente, ao apego às coisas materiais que porventura chegamos a valorizar em demasia quando no plano material. É o que está ocorrendo com relação a essa jóia, que cheguei a tocar e pude sentir e inclusive visualizar a história e o Espírito a ela ligados.

– Quando o senhor a tocou?

– Alguns dias atrás, Régis esteve aqui com ela.

– E visualizou a sua história?

– Sim. Segurei-a em minhas mãos e tomei conhecimento dos principais fatos que a envolveram e ainda a envolvem. Através de minha vidência, também pude ver o Espírito a ela ligado e que está acompanhando e influenciando Régis.

Fernando e Álvaro entreolham-se, visivelmente impressionados com o que ouvem, tamanha a seriedade com que o homem lhes fala.

– Mas será mesmo possível isso? – pergunta Álvaro, mais cético quanto a esse tipo de assunto, o que já não ocorre com Fernando, que já lera alguma coisa sobre a interação que existe entre os dois planos da vida tanto que faz planos de conhecer em profundidade.

– À primeira vista, parece coisa de ficção, não é? – pergunta, sorrindo, seu Pedro. – Mas podem ter a absoluta certeza do que estou dizendo. Aliás, se começarem a prestar mais atenção no mundo ao redor de vocês, perceberão em muito a ocorrência disso. Na verdade, quando um Espírito, encarnado ou não, possui muita afinidade com algum objeto e, em muitos casos, até usuário dele, este fica impregnado com as suas emanações que se apresentam como espessa massa acinzentada a lhe envolver. Aqueles que, como eu, possuem a mediunidade de penetrar esse fenômeno, que chamamos de Psicometria, no meio espírita, conseguem ver os acontecimentos que nele encontram-se registrados, como se fosse um aparelho gravador.

– É o que se chama de objeto enfeitiçado?

– Não seria bem o termo correto. Agora, é bom que entendam que não é o objeto em si que possui essa propriedade, mas sim, o Espírito que se prende a ele, na maior parte das vezes, prisioneiro de recordações que ele lhe traz e que o impregna constantemente com suas vibrações.

– Por favor, continue.

– Bem, esse Espírito a que me referi, sente-se ainda o dono, o proprietário dessa jóia, haja vista que foi ele mesmo quem providenciou a sua confecção há muitos anos com o intuito de presentear uma mulher, a quem amava com exagerada e doentia devoção. Porém, essa mulher que nunca chegou a lhe corresponder o amor, negou-se a aceitar o presente e o infeliz nunca desistiu desse seu intento de presenteá-la, obcecando-se por essa idéia. Naquela encarnação não conseguiu que ela o aceitasse e após a morte de seu corpo físico continuou com essa fixação mental, imantando-se à jóia, tudo fazendo para que, de alguma maneira ela fosse ter às mãos de sua amada, por diversas de suas encarnações. Ele acredita que se ela receber essa jóia de presente, irá se apaixonar e que, no seu desprendimento durante o sono, irá encontrar-se com ele. E agora ele estava próximo de realizar o desejo de presenteá-la, pois que esse camafeu, enfim, foi parar nas mãos do pai dessa moça que a iria presentear com ele.

– É inacreditável – exclama Fernando.

– E agora ele foi roubado.

– Isso mesmo. Foi roubado antes de ela o receber de presente e Régis acabou envolvendo-se com o Espírito, pois o tem em suas mãos.

Fernando que já estava começando a entender o que poderia estar acontecendo, arrisca:

– E esse Espírito, através da mediunidade de Régis, não lhe permitiu que a entregasse aos ladrões e agora quer que ele a devolva à sua amada?

– Isso mesmo. Só que Régis ainda não conseguiu captar

isso. Apenas percebe o sentimento de posse transmitido pelo Espírito.

– Mas então o problema está resolvido. Basta que contemos isso a ele. Régis devolve a jóia à legítima dona e a Polícia não o prende. Daí, só falta rezarmos para que a Justiça ponha as mãos em Carlos e seu bando.

– Correto – concorda Álvaro.

O médium meneia a cabeça, negativamente.

– O que há de errado? – pergunta Fernando.

– Acontece que já falei com Régis, mas ele não acreditou em mim e não concorda com isso, continuando a afirmar que é o legítimo dono da jóia.

– Oh, meu Deus! E o Espírito que o acompanha?

– Está mais desesperado ainda e não o abandona por um só minuto, fazendo com que esse seu desespero faça parte também de sua mente. O que está acontecendo é uma verdadeira luta mental de grandes proporções, através da mediunidade.

– E o senhor sabe onde se encontra essa jóia?

– Não tenho a mínima idéia. Tentei fazer com que Régis me contasse. Não para tirá-la dele, pois não tenho esse direito, mas para poder, talvez, livrá-lo de alguma conseqüência pior. Mas não consegui. Inclusive ele procurou-me hoje, novamente, apenas porque sabe que pode confiar em mim. Sabe que não irei entregá-lo à Polícia. E se dormiu, foi apenas porque consegui fazer com que o Espírito se afastasse momentaneamente dele. Infelizmente, não será por muito tempo.

– Seu Pedro, responda-me uma coisa – pede Álvaro.

– Fale, meu filho.

– E se o senhor perguntasse ao Espírito onde essa jóia se encontra? Ele não poderia revelar-lhe? Imagino que deva saber.

Se ele fizesse isso, poderíamos devolvê-la à sua amada. Seria bom também para ele.

– Infelizmente, meu rapaz, as coisas não são assim tão simples. Dificilmente ele confiará em minha pessoa, principalmente pelo fato de não estar em condições de modificar o seu pensamento que, no momento, encontra-se fixo em Régis.

– E quando Régis acordar?

– Como já disse, poderá passar a noite aqui e, talvez, o convença a passar uns dias comigo, quando poderei auxiliá-lo com passes magnéticos. Também tentarei convencer a infeliz entidade, num trabalho de desobsessão, a seguir o seu caminho. Aí, então, terei condições de convencer Régis a entregar a jóia ao seu proprietário, pois estará longe da influência desse Espírito.

– Entendo – concorda Fernando. – E o que devemos dizer aos seus familiares?

– Creio que o melhor a fazer é mantê-los afastados daqui, por causa da Polícia.

– Não seria melhor contar a verdade a eles? Isso os tranqüilizaria.

– Se você acha que eles colaborarão com o trabalho de desobsessão que pretendo realizar, penso que sim.

– Sabe, seu Pedro...acho que...oh, meu Deus! – geme, repentinamente, Fernando – não sei...estou sentindo-me tão mal...de repente...não sei o que está acontecendo comigo...

– O que está sentindo, Fernando? – pergunta Álvaro, assustado. – Fale.

– Sinto-me muito mal...seu Pedro, o que está acontecendo?

– Tenha calma, meu filho e faça uma prece ou, pelo menos, pense em Jesus. Vou lhe aplicar um passe.

Dizendo isso, o médium aplica-lhe movimentos com as

mãos no intuito de, auxiliado por Espíritos Superiores ali presentes, reequilibrar-lhe as energias, bem como afastar momentaneamente dele o Espírito obsessor de Régis que, ao seu lado, procurava atacá-lo com muita violência, principalmente verbal, vista e ouvida por Pedro, através de sua mediunidade visual e auditiva. Realmente, o Espírito parecia sentir enorme ódio de Fernando, como se o conhecesse de algum tempo. Mais algumas imposições das mãos do médium e o Espírito acuou-se em um dos cantos do salão com horrenda expressão de revolta e ódio. Transcorridos alguns minutos, Fernando retorna à normalidade.

– O que aconteceu comigo? – pergunta, ainda um pouco zonzo.

– Nada de mais, meu filho. Agora já deve estar melhor. Penso que deve ir para casa e descansar.

– É o que farei, seu Pedro, e, em nome dos familiares de Régis, agradeço-lhe de todo o coração o que está fazendo.

– Pode tranqüilizá-los, meu irmão. Aqui ele estará em boas mãos.

– Deus lhe pague, amigo. Amanhã retornarei para saber notícias. A propósito, quando fará realizar esse trabalho de desobsessão?

– Depois de amanhã.

– E eu poderia assistir? Estou muito interessado na Doutrina Espírita e já li alguns livros a respeito. Inclusive, Hermínia, irmã de Régis é espírita e irá me ajudar.

– Se quiser vir, não há problema nenhum. Se Hermínia quiser acompanhá-lo, poderá dar-lhe maiores explicações após assistirem ao trabalho.

– Falarei com ela e Deus lhe pague, seu Pedro.

– Uma boa noite a vocês.

XII

– Que transformação! – exclamou Ivan, um dos irmãos aprendizes.

– Arlete acaba de tomar a sua verdadeira aparência, concernente às suas vibrações mentais. A aparência que detinha, até alguns minutos atrás lhe era proporcionada pelas vibrações deste ambiente umbralino. Assim que as modificamos através de nossa prece, a infeliz retornou à real exteriorização de suas formas.

– Que bruxaria é essa?! – berrou desvairadamente a infeliz. – O que fizeram comigo?! Desfaçam isso ou vão se arrepender! Cúrcio! Cúrcio! Ajude-me!

– Acalme-se, minha irmã. De nada adiantará seus gritos e seu desespero. Queremos que veja o espelho de sua alma e reflita sobre isso.

– Não quero ver nada! Quero voltar a ter minha antiga forma.

– Essa é sua forma verdadeira, minha irmã. Para poder modificá-la só existe um caminho.

– Qual caminho?!

– O caminho da renovação. Permita que a auxiliemos.

– Não quero o auxílio de vocês! Não quero nada com vocês! Socorro! Me ajudem! Cúrcio!

– O que está acontecendo aqui?! Onde está Arlete? Quem são vocês? – perguntou uma entidade, entrando apressadamente no quarto.

– Estou aqui, Torquato. Sou eu... Arlete – informou, em desespero.

– Não brinque comigo, velha nojenta! Onde está Arlete?! Diga-me! – ordenou o Espírito, de nome Torquato, que acabara de entrar no quarto. Vestia interessante traje de cor escarlate, próprio do século XVIII: calças justas, arrematadas com meias brancas até um pouco abaixo dos joelhos, sapatos pretos com pequenas plataformas à guiza de salto, camisa branca com babados de renda no peito e punhos e, encimando tudo, longa casaca com botões de luzidio metal dourado. Ostentava também penteada cabeleira branca com cachos das têmporas para trás e pequena trança na parte posterior da cabeça, ultimando tudo com pequeno chapéu de três pontas. Sua altivez e determinação nas palavras denotava haver sido algum nobre daquela época, provavelmente, sua última encarnação.

– Sou eu! Acredite em mim! Esses bruxos me enfeitiçaram!

– Quem são vocês?! Essa velha horrível está dizendo a verdade?!

– Sim, meu irmão, ela diz a verdade. É Arlete com sua real aparência. E você? O que faz aqui? – respondeu Flávio, calmamente.

– Não tenho que lhe dar nenhuma satisfação. Apenas lhes ordeno que desfaçam essa bruxaria. Agora! Ou minha ira abater-se-á sobre vocês! – berrou, sacando enorme espada da cintura e colocando-se em posição de combate.

– Nesse momento, acredito termos, nós, os aprendizes, emitido vibrações de medo e falta de fé, pois Arlete repentinamente tornou à sua antiga forma e o irmão Flávio, percebendo nosso titubear, procurou acalmar Torquato, convidando-nos a sair daquele recinto, o que não nos foi impedido. Assim que passamos *para o cômodo contíguo, fez-nos sinal para que ali permanecêssemos a fim de ouvirmos a conversação de Torquato e Arlete.*

– Quem eram eles? – perguntou o homem.

– Não sei. Apareceram assim que eu e César aqui chegamos e convenceram-no a acompanhar um deles que o levou embora. Depois, começaram a fazer uma oração e aconteceu o que você viu: transformei-me naquela figura horrenda.

– César deixou você sozinha com eles?!

– Sim, Torquato. Aquele traidor! Sinto que está afastando-se cada vez mais de mim, a cada dia que passa.

– Ele me paga! Vou intensificar a minha atuação sobre ele e verá como voltará correndo para você. O desespero, quando toma conta de um homem, somente pode ser amainado pela mulher que lhe oferece os braços e esse desespero já começa a se instalar no íntimo de César, que não já consegue mais realizar uma grande venda. Somente consegue vender pequenas peças para compradores de classe média e, logo, logo, não terá mais como cumprir seus compromissos financeiros.

– Vá com calma, meu amigo, para que ele não chegue ao extremo de fechar a joalheria, o que seria um grande problema para você, não?

– Talvez sim, talvez não – respondeu Torquato com expressão preocupada e grave inflexão na voz. – Isso já ocorreu de outras vezes e não me deixei abater. Há séculos tenho controlado muito bem o destino daquela jóia e, apesar de todas as investidas sobre ela, mantenho-a sob minha proteção. No momento certo terá, finalmente, o destino que para ela projetei. O meu amor e o meu ódio caminham juntos e nada poderá mudar minha determinação.

– Você sabe para onde César foi levado? – perguntou Arlete, com um sorriso nos lábios.

– Não me diga que para junto dela.

– Isso mesmo. Para junto de Milena.

– Mas como? Não vá me dizer que esses a quem você chamou de bruxos...

– Sim, meu amigo. São os intrometidos da Colônia.

– Interessante...pareceu-me reconhecer esse que falou comigo. Seu rosto não me é estranho.

– Não o reconheceu? – perguntou Arlete novamente, com o enigmático sorriso.

– Ei, espere! – exclamou Torquato – Não, não posso crer... Mas...está tão diferente...

– Eles não passam de bruxos, meu amigo. Não lhe falei? Ele o enfeitiçou, também. Você nem o reconheceu.

– Realmente... não o reconheci naquela hora... mas... agora, lembrando-me de sua fisionomia... sim... é ele... oh!, mas que ódio! Por que você não me falou, Arlete?! Por que não me falou?! Eu o teria degolado com minha espada! Eu o teria degolado!

– E pensa que conseguiria? Ele é mais poderoso que você.

– Cale-se! Como ousa comparar-me a ele?!

Arlete recuou, assustada.

– Perdoe-me, Torquato. Perdoe-me. Nós iremos vencê-los. Ficarei com César e, quanto à sua amada, pode crer que, assim que tocar o seu presente, ela será sua. Para sempre.

– Sim, esse dia chegará. Mas não me conformo de tê-lo tido aqui na distância exata de minha espada e não tê-lo reconhecido. Flávio, eu te odeio! Eu te odeio!

Olhei para o irmão Flávio na esperança de ouvir dele alguma explicação, mas limitou-se a continuar prestando atenção na conversação dos dois.

– Agora você precisa me ajudar, Arlete.

– O que quer que eu faça?

– Preciso que me ajude junto a um imbecil de um milionário que encantou-se com a peça. Por pouco não a perco. Consegui impor-lhe a dúvida quanto à compra e ficou de pensar e voltar amanhã à joalheria. Mas vai ser uma batalha difícil e é aí que preciso de você.

– O que devo fazer?

– Terá que agir sobre César enquanto atuo sobre o homem.

– Entendo. E quando faremos isso?

– Teremos que ficar de vigília desde amanhã bem cedo.

– Pode contar comigo, Torquato.

– Vamos voltar e com muito cuidado – convidou-nos Flávio, tomando a dianteira e guiando-nos até fora daquela casa. O Corcunda nos aguardava, protegido pela sombra de uma construção e fez questão de ir à nossa frente, guiando-nos. Já próximo de nossa colônia, irmão Flávio rompeu o silêncio, passando a narrar-nos a história daquele Espírito que tanto o odiava.

– Torquato, há muitos séculos apaixonou-se perdidamente por uma mulher da corte com a qual, certa feita, após serem apresentados, jogou uma partida de xadrez. Nessa partida teve a infelicidade de tomar um xeque-mate, perdendo, dessa forma, para essa senhora. Orgulhoso, de postura altiva, não se conformando naquele momento com a derrota a ele imposta e não conseguindo controlar o difícil gênio que possuía, atirou uma das peças ao chão, quebrando-a. A senhora, muito chocada com aquela reação, abandonou a mesa, sem nem ao menos despedir-se. Torquato arrependeu-se tanto do que havia feito que mandou confeccionar riquíssima peça em ouro maciço e brilhantes, finamente esculpida com preciosas pedras, a fim de presenteá-la e, assim, desculpar-se pelo ocorrido. Essa peça possuía a forma de um camafeu. Porém, a senhora não aceitou o caríssimo presente, passando a ignorar a existência de Torquato que, inconformado e cada vez mais apaixonado, fixou em sua mente a idéia de que se um dia a sua amada aceitasse o presente, ela também se apaixonaria por ele, e há

séculos a vem perseguindo por várias encarnações, sempre preso a essa jóia, tentando a todo o custo fazer com que a peça venha ter às mãos dela.

– E essa mulher a que se refere é Milena?

– Sim. E Torquato sabe que nos amamos e que já vimos vivendo muitas vidas juntos, mas não desiste. E o pior é o que impõe àqueles que por infelicidade venham ter acesso a essa jóia, pois tudo faz para que ela venha a pertencer a Milena.

– Ele acredita mesmo que ela passará a amá-lo, assim que tiver a peça em suas mãos?

– É inacreditável, mas pensa assim. Isso tornou-se uma fixação doentia em sua mente. Aqui neste Plano não tem como fazer para que ela seja presenteada e nem consegue ter acesso a ela.

– E agora essa jóia está em poder de César, que possui uma joalheria.

– Sim. César recebeu-a como herança, só que não a consegue vender, pois as pessoas, assim que a tocam, sentem a presença maléfica de Torquato e desistem de comprá-la.

– E como ele pensa em fazer para que Milena a tenha em suas mãos? Ela nem ao menos vive no plano material...

– A sua demência é tamanha que ele está esperando a sua nova encarnação para tentar novamente, assim como vem fazendo há séculos. Acredita que, ao ter contato físico com essa jóia, ela se apaixone por ele e venha encontrá-lo ao desprender-se durante o sono. Ele não tem limites e o único pensamento que existe em sua mente é esse. Aliás, fazia já algum tempo que não ouvia mais falar dele até que César herdou a jóia.

– Irmão Flávio, diga-me uma coisa. Você e Milena viviam juntos no plano material e desencarnaram juntos, ainda moços?

– Desculpe-me, irmão Soares, por nunca ter-lhe falado a respeito disso. Na verdade, já estamos há algum tempo neste

plano e, aos poucos, fomos recuperando essa aparência mais jovem com que nos vê e que há muito mantemos. Quanto a César, que nesta sua passagem pelo plano terrestre não possui filhos, foi o pai de Milena em reencarnação passada e assim o é considerado. Veja, irmão Soares, que, na verdade, todos os Espíritos são irmãos e já possuíram diversos entes queridos que com eles caminharam lado a lado na Terra como irmãos consangüíneos.

– Entendo.

– E o que pode ser feito em benefício de Torquato?

– Eu e Milena temos muito que auxiliá-lo para que possa libertar-se dessa ligação mental doentia. Além de ser um irmão, como todos os outros, a nós está ligado pelo passado convivido juntos.

– E o que pretende fazer para ajudar César?

– Amanhã lhe faremos uma visita para vermos de perto o que realmente está acontecendo.

– Irão até a crosta terrestre?!

– Sim. Amanhã de manhã estaremos na joalheria de César.

– Todos nós? – perguntei, ansioso por uma resposta positiva, já que desde a minha passagem para este plano, não tinha tido ainda uma oportunidade de visitar o meu antigo lar.

– Verei se posso levá-los – responde Flávio.

– E quando terá a resposta? – perguntei, não conseguindo mais esconder a minha ansiedade.

– Tenha calma, irmão Soares. Nada lhe posso garantir. Para tudo tem a hora certa. Hoje, assim que chegarmos à colônia, irei ter com meus Superiores e colocarei essa possibilidade para que decida o que for melhor.

– Aguardarei essa resposta com calma.

***

No dia seguinte, bem de manhã, fui acordado por Flávio que deu-me a grata notícia de que poderia acompanhá-lo na expedição que fariam até o plano terrestre. Na verdade, iria toda a equipe e começamos a nossa caminhada por uma estrada tal qual a do dia anterior, até chegarmos a um local que Flávio denominou novamente como campo de saída, só que, desta feita, descente estrada surgiu à nossa frente e por ela caminhamos por algum tempo, até que nuvens negras e sombrias começaram a surgir e a nos cercar. Desagradável sensação de peso passou, então, a fazer parte de meu corpo e comecei a sentir-me como se estivesse já no plano material, pois, ao contrário do que aconteceu comigo quando me vi no Plano Espiritual, desta feita, necessitava de algum esforço para respirar. Irmão Flávio convidou-nos a fazer pequena parada, a fim de recuperarmos as energias gastas, aproveitando para dar-nos proveitosos esclarecimentos:

– Como ocorreu na expedição de ontem, essa sensação de pressão e dificuldade em respirar deve-se ao fato de estarem acostumados com a leveza da atmosfera da colônia. Na verdade, quando encarnados, viviam sob toda essa pressão, na verdade causada pelas próprias vibrações mentais dos Espíritos encarnados. Estas nuvens negras que nos cercam neste momento são como poluição mental que envolve o plano terrestre. Muitas das horrendas figuras que vimos a todo o momento nesta nossa caminhada, nada mais são do que exteriorizações do pensamento de nossos irmãos da crosta, impregnados de muito egoísmo, de muita inveja, de muito orgulho e, principalmente, de muito ódio e desejos de vingança.

– Sinto-me cansado – comentei.

– Por esse motivo solicitei este descanso, além do que, devo pedir-lhes que, a partir de agora, procurem realizar o restante do caminho em oração, elevando os pensamentos a Deus, solicitando Suas bênçãos e Seu auxílio. Vamos continuar.

Dizendo isso, irmão Flávio postou-se novamente à nossa

frente e continuamos. Mais alguns minutos e começamos a ver a cidade logo abaixo de nós, como se a estivéssemos sobrevoando de avião e paulatinamente fomos como que descendo até tocar solo terreno, numa das ruas da movimentada cidade grande. A poluição sonora chegou a assustar-me, assim como a experiência de cruzarmo-nos com Espíritos encarnados e desencarnados por toda a parte. Caminhamos por algumas ruas até alcançarmos a joalheria de César. Ainda faltava cerca de meia hora para que ela fosse aberta, porém, Flávio fez-nos entrar, pois percebera que Torquato, Arlete e mais algumas outras entidades lá já se encontravam. Desta feita não permitimos que nos vissem, pois ocupávamos faixa vibratória diferente da deles. Pudemos, então, ouvir a conversação daqueles infelizes, na qual Torquato distribuía ordens e funções.

– Assim que César chegar, – disse Torquato – você, Arlete, toma conta dele e deixe para mim e para os meus companheiros a incumbência de influenciar o possível comprador da jóia.

– Pode deixá-lo por minha conta – confirmou Arlete.

Nesse momento, César chega, juntamente com mais quatro funcionárias e abre as portas do estabelecimento.

– Por favor, – pede César – façam uma boa limpeza na loja, pois hoje iremos receber um freguês muito importante.

– Será que ele vai comprar aquela jóia, seu César?

– Se Deus quiser.

– E se nós não deixarmos, heim, César? Como é que vai ficar?

As palavras de Torquato vibraram de maneira tal, que César chegou a sentir um calafrio, passando a mostrar rugas de preocupação por todo o rosto.

– Pobre homem – comentou Flávio.

Meia hora se passou até que o comprador entrasse na loja.

César, agora totalmente desanimado por causa da influência de Arlete, recebeu o homem friamente.

– Por favor, senhor César, deixe-me examinar a jóia novamente.

– Com todo o prazer, meu amigo.

E, dizendo isso, foi ter até uma sala contígua onde, abrindo um cofre, de lá retirou a preciosa jóia, trazendo-a até o balcão, onde o homem já se encontrava à mercê de Torquato e seus companheiros.

– E, então, senhor Bruno? Vai ficar com esta preciosidade?

XIII

– E ele ficou bem, lá, Fernando?

– Penso que sim. Seu Pedro pareceu-me um homem muito bom e acreditei no que ele me contou. Além do mais, está se arriscando em esconder Régis. Agora, não sei o que vocês pensam a respeito – responde Fernando, após ter contado tudo o que conversara com o médium naquela mesma noite, já que para a casa de Hermínia se dirigira assim que deixou Álvaro em seu apartamento.

– Não sei o que dizer – comenta seu Getúlio. – Acredito muito na Doutrina Espírita e, pela maneira como Régis reagiu hoje de manhã, quando conversei com ele, penso que esse médium tem toda a razão. Meu filho estava irreconhecível, apesar de já parecer estranho há algum tempo. Quando saímos de carro para conversarmos e ele contou-me toda a história, meu primeiro conselho foi o de que deveria devolver a jóia, mas ele teve uma reação violenta, afirmando que o camafeu lhe pertencia. Cheguei até a pensar que estivesse sob o efeito de algum tipo de droga, mas agora, com essa explicação de seu Pedro, até dá para entender. Será que esse médium, realmente, poderá ajudá-lo?

– Disse que tentaria doutrinar o Espírito. Doutrinar foi a expressão que ele utilizou. Só não sei como fará isso.

– Eu sei – interrompe Hermínia. – Ele fará, com outros

trabalhadores do Centro, uma reunião mediúnica onde o Espírito conversará com o dirigente dessa reunião, através da psicofonia de um médium.

– E ele atenderá o apelo desse dirigente?

– Pode ser, pois fica mais fácil chamar à razão um Espírito com fixação mental quando este se comunica através de um médium, pois nessa integração espírito-matéria, entram em jogo as vibrações mentais do próprio médium que faz com que a entidade espiritual se desligue um pouco dos próprios pensamentos em que se aprisiona. Além do mais, os trabalhadores espirituais, que são quem na verdade organizam e dirigem todo esse trabalho, têm a possibilidade de valerem-se das emanações dos fluidos vitais dos irmãos encarnados ali presentes a fim de fazerem-se vistos pelo Espírito comunicante e também criar, com esses fluidos, oriundos da matéria, quadros e cenas que poderão trazê-lo de volta à razão. Muitas vezes são cenas de seu próprio passado, de outras vidas que não se lembra, pelo próprio esquecimento desse passado. Quantas e quantas vezes, também, Espíritos muito queridos utilizam-se dessas energias mais materializadas dos médiuns e conseguem se fazer visíveis e convencê-los de seus erros e seguirem um outro caminho.

– Entendo.

– Que Deus ajude o meu filho.

– Tomara que isso se resolva logo e Régis devolva essa jóia antes que a Polícia o encontre e o enquadre como receptador de roubo.

– E se o senhor falar com o Delegado, papai?

– Não sei, Hermínia, não sei. Estava agora mesmo pensando nisso, mas não sei se o Delegado entenderá.

– Penso não ser prudente – opina Fernando – O Delegado poderá querer forçá-lo a falar onde Régis se encontra ou, então, envolvê-lo por estar ocultando informações à Polícia. Não entendo bem dessas coisas, mas penso não ser um bom caminho.

– Tem razão. Então só nos resta esperar.

– Penso que sim.

– Quantos dias você acha que Régis terá que ficar lá, Fernando?

– Não sei, dona Ivone. Talvez Hermínia possa lhe dar uma resposta, pois freqüenta trabalhos espíritas e deve saber quanto pode levar para esse Espírito ser doutrinado.

– E então, Hermínia?

– Sinceramente, também não sei responder, mamãe. Pode ser que já na primeira reunião consigam, pelo menos, afastar a entidade de Régis a fim de lhe proporcionar uma chance de voltar ao normal. Agora, quanto a doutriná-lo, convencer o Espírito, isso pode levar algum tempo.

– Quer dizer que o Espírito obsessor pode ser afastado da pessoa que ele obsedia por algum tempo e depois voltar?

– Isso mesmo. Se o levarem sem convencê-lo, será de maneira compulsória e, evidentemente, não poderão mantê-lo assim por muito tempo, pois cabe a ele modificar-se. Pelo que aprendi, todos temos o livre-arbítrio para decidirmos sobre o nosso futuro. Logicamente, teremos que responder pelos nossos atos.

– Mas o que Régis tem a ver com isso? Ele quis ajudar e viu-se envolvido na história desse Espírito. Que lógica pode ter isso? Ele está sendo vítima de uma fatalidade.

– Não, mamãe. Nada acontece por acaso. Não sabemos se ele, realmente, não tem nada a ver com tudo o que lhe está acontecendo, porque somente conhecemos o Régis pelos seus atos cometidos nesta encarnação. Desconhecemos por completo a sua vida ou suas vidas anteriores.

– Pode ser, também – diz Fernando – que tudo isso seja para chamar-lhe a atenção sobre a sua mediunidade. Talvez ele tenha o compromisso de trabalhar nesse campo.

– Bem lembrado, Fernando – concorda Hermínia. – Parece até que você já possui bastante conhecimento da Doutrina Espírita.

– Como sabe, já li alguma coisa a respeito e não é difícil chegar a algumas conclusões lógicas.

– Isso porque você já deve ter trazido uma boa bagagem de conhecimentos para esta vida. Saiba que muitos trazem conhecimentos latentes e facilmente entendem certas questões dos mais variados assuntos. Veja o exemplo de crianças prodígios que, com pouquíssima idade, já conseguem dominar instrumentos musicais bem melhor que adultos que muito estudaram; outros, então, que resolvem intrincados problemas de física ou matemática. São bagagens que trazem de outras vidas. Na verdade essa é a causa para aquilo que chamamos de dom: dom da música, dom da pintura, dom da escrita. Entende? Pelo visto, você traz boa bagagem a respeito da interação espírito-matéria. Esse é o seu dom.

– Pode ser mesmo, porque tenho uma facilidade muito grande para aceitar e principalmente compreender o Espiritismo. Bem, mas tenho que ir agora, pois já se faz tarde. Amanhã cedo irei até o Centro Espírita de seu Pedro para colher notícias de Régis e, logo em seguida, telefonarei para vocês.

– Venha pessoalmente, Fernando, e almoce com a gente – convida dona Ivone.

– Não quero importunar.

– Ora, Fernando, você não nos está importunando em nada. Afinal de contas amanhã é domingo e você está nos ajudando tanto.

– Isso é verdade – concorda seu Getúlio. – Parece que foi Deus que o enviou ontem aqui.

– Que é isso, seu Getúlio? Apenas cumpri com minha obrigação. Além disso, há muito tempo nos conhecemos e já fizeram tanto por mim. Também gosto muito do Régis e quero ajudá-lo no que for necessário. Bem, até amanhã, então.

– Vou acompanhá-lo até o portão.

– Não é preciso, Hermínia – diz Fernando, tentando evitar que a moça lhe pergunte a respeito do que aconteceu no estacionamento da Delegacia.

– Faço questão, Fernando.

O rapaz despede-se de dona Ivone e de seu Getúlio com mais algumas palavras de conforto e dirige-se, acompanhado de Hermínia, até o portão, onde deixara seu veículo. No caminho, enquanto atravessam extenso gramado iluminado por pequenos postes de luz, a moça entra no assunto:

– O que aconteceu no estacionamento da Delegacia? Você saiu correndo com seu carro. Parecia desesperado em seguir alguém. Aliás, é a segunda vez que faz isso, desde ontem à noite.

Fernando, que temia por isso, não vê outra solução a não ser mentir novamente, prometendo a si mesmo, intimamente, que no momento adequado contaria toda a verdade a respeito da misteriosa moça pela qual se apaixonara.

– Antes de mais nada, quero desculpar-me por tê-la deixado sozinha, mas é que tive a sensação de ter visto Carlos saindo com um carro e tive o ímpeto de segui-lo para ver onde ia. Se conseguisse seu endereço, poderia auxiliar a Polícia, entende?

– Sim e daí? Conseguiu?

– Infelizmente não. Segui o veículo por várias ruas da cidade até que, sem querer, acabei ficando lado a lado com o carro, num semáforo. Senti muito medo que me reconhecesse, porém, quando olhei para o motorista, percebi que não era Carlos, mas sim, alguém muito parecido com ele.

– Mas você chegou a vê-lo em minha casa?

Fernando fica um pouco atrapalhado e responde rapidamente:

– Vi-o de longe. Da janela.

Hermínia franze o cenho como quem não está acreditando muito nisso e permanece por alguns segundos em silêncio, tentando lembrar-se se, realmente, Fernando havia se dirigido até a janela quando seu pai e seu irmão foram ter com aquele homem no portão de sua residência. Fernando percebe que a moça não aceitou muito bem a sua versão e procura mudar de assunto.

– É interessante, Hermínia. Eu queria estudar para aprender mais sobre a Doutrina Espírita e parece que estou tendo aulas práticas sobre o assunto. Mas, sabe, tenho uma grande intuição de que tudo isso vai acabar muito bem.

– Tomara que tenha razão, Fernando. Meus pais estão desesperados.

– Eu os compreendo. Bem, vou apanhar o carro e ir para casa descansar.

– Fernando... – fala, carinhosamente, Hermínia.

– Sim...

– Muito obrigada por tudo o que está fazendo. Muito obrigada mesmo.

Dizendo isso, a moça dá um rápido beijo no rosto de Fernando e volta lentamente para a casa, deixando o rapaz com a triste sensação de a estar enganando.

– Realmente, Hermínia deve gostar muito de mim ainda – pensa, enquanto entra no carro e sai pelo portão, acenando para o vigia da noite. Percorre várias ruas e bairros da cidade grande até chegar em sua casa, atirando-se na cama, completamente exausto e, num ato instintivo volta o olhar para a parede do lado direito, onde estão dispostas as várias fotos que tirara da moça que encontrara no *shopping*.

– Onde estará ela, neste momento? – pergunta-se. – O que estará fazendo? Dormindo? E o que estaria fazendo naquela delegacia, hoje de manhã? Oh, meu Deus! Por que fui perdê-la de vista?

Dizendo isso, olha para o punho da camisa onde anotara o número da placa do veículo.

– Oh, não! Não pode ser! Mas que tolo eu fui. Por que não transcrevi para um papel? Borrou tudo!

Fernando arranca a camisa, desesperado, tentando adivinhar que numeração estaria escrita ali.

– Que número era mesmo? Não consigo me lembrar...acho que começava com vinte e nove...e as letras...seria B...R...não consigo lembrar-me...que cabeça! Deixe-me ver...B...sim ...começava com a letra B...mais duas letras...depois ...vinte e nove. Vinte e nove...? Sim, era isso. Vinte e nove. Deixe-me escrever.

Apanha um papel e um lápis e escreve: B _ _ 29 _ _.

– Vou tentar com isso. Sei que vai ser difícil, mas preciso tentar. Segunda-feira, irei procurar o Miguel e ele terá que pesquisar.

Deita-se novamente e fica a olhar para as fotos.

– Como pode isso acontecer? Existirá mesmo amor à primeira vista? Agora tenho absoluta certeza que sim. Ela é, realmente, a visão que sempre tive de alguém que pudesse vir a ser minha companheira para o resto de meus dias. É impressionante como seu rosto sempre vinha ter em minha mente, todas a vezes que imaginava-me casado com alguém. Incrível! E mais incrível ainda, é o medo que sinto. O medo que senti hoje de manhã. Tremia só de pensar em falar com ela. Temo que não corresponda ao que sinto. Temo que ela não sinta por mim o que sinto por ela. Meu Deus, isso seria terrível! Preciso encontrá-la o quanto antes.

Levanta-se e retira as fotos da parede, colocando-as por sobre a cama. Pega uma por uma e fica a olhá-las.

– Esses traços...o seu olhar...as curvas de seu rosto...parece-me tão familiar... Será que são recordações de uma outra vida? Será possível que reencarnamos com os mesmos traços fisionômicos? Ou será que são as emanações do olhar, o jeito de sorrir que nos fazem lembrar? Ou será que um determinado rosto nos traz recordações de alguém que conhecemos de outra vida e não seja o mesmo Espírito? Pode ser. Mas como gostaria que fosse alguém que já tivesse cruzado o meu caminho...Aí, penso que tudo seria mais fácil.

E é com esses pensamentos que Fernando acaba por adormecer.

***

– Até que enfim nos encontramos novamente, heim, seu intrometido?! O que me diz agora? Estamos sozinhos e vai me pagar por tudo o que me tem feito sofrer por todos esses longos e intermináveis anos!

– Quem é você?

– Ah, já nem se lembra mais de mim! Também pudera. Quem iria lembrar-se de um inimigo, cercado de tantos amigos, não?! Mas, agora, está aqui, comigo, sozinho e à minha mercê. Quer lutar? Arranjo-lhe uma espada.

– Não quero lutar com ninguém.

– É um covarde, mesmo! Mas de qualquer forma terá que se defender, pois vou atacá-lo. Pegue esta espada e guarde-se.

– Já disse que não quero!

– Então terá que sentir a fria lâmina a atravessar-lhe o coração.

– O quê?

– Lembra-se dessa frase? Lembra-se?

– Que frase?

– A fria lâmina a atravessar-lhe o coração.

– Não!

– Lembra-se, sim. Sei que se lembra. Foi com essa frase que pôs fim à minha vida.

– Vou-me embora.

– Para onde? Não existe mais nada. Não existe para onde ir. Só existimos nós dois aqui e nada mais.

– Por onde entrei?!

– Através de sua consciência. E dela só há um meio de sair.

– Como?

– Destruindo-me ou sendo destruído. Por isso vamos lutar até a destruição total.

– Espere. Já lhe disse que não quero lutar.

– Não tem escolha. E, agora, olhe quem veio para assistir-nos.

– ?!

– Ela ficará com quem vencer, meu amigo.

– Com você nunca!

– Então lute, covarde! Lute por ela.

– Lutarei!

– Então sinta a fria lâmina a atravessar-lhe o coração.

***

– Meu Deus, que pesadelo! – grita Fernando, que acorda com o corpo banhado em suor. – Que pesadelo! Com quem lutava? Ainda posso ver o seu rosto e o dela, sorrindo e assistindo à nossa luta. A fria lâmina a atravessar-lhe o coração. O que é isto? Pareceu-me sentir a dor no peito. Graças a Deus acordei.

XIV

– Deixe-me examiná-la – pediu o senhor Bruno, assim que César retirou a jóia de uma caixa almofadada internamente.

– Pode examiná-la à vontade.

O homem examinou a peça detidamente e depois, retirando do bolso do casaco uma lupa de joalheiro e prendendo-a entre a maçã do rosto e a cavidade superior da órbita ocular com ligeira contração dos músculos da face, passou a examinar também os brilhantes que nela se encontravam cravejados.

– O senhor poderia repetir-me a procedência dessa peça?

– Bem...pelo que sei de sua história, esta peça foi confeccionada no século XVIII por um nobre da corte européia sendo que, após sua morte, a peça passou por muitas mãos e no século passado veio parar no Brasil, trazida por um comerciante muito rico que para aqui imigrou.

– E como veio ter às suas mãos? Pelo que sei e, desculpe-me ser-lhe tão franco, o senhor não me parece uma pessoa que tivesse condições financeiras para tal aquisição.

– O senhor tem toda razão, seu Bruno. Eu não teria e nem tenho condições para adquirir essa peça. Na verdade tive muita sorte. Ela estava em poder de um último remanescente de uma família tradicional aqui da cidade com quem eu mantinha grandes laços de amizade. Éramos como que irmãos e ele não tinha

herdeiros, pois era solteiro. E quando veio a falecer, qual não foi a minha surpresa ao saber que havia deixado um testamento doando todos os seus bens para uma instituição de caridade e esta jóia para mim.

– O senhor a recebeu como herança?

– Sim.

– E quantos anos tinha esse senhor?

– Já havia completado oitenta e três anos quando faleceu.

– E agora o senhor quer vendê-la?

– Sempre a coloquei à venda, porém nunca encontrei alguém que pagasse o preço que ela vale.

– O senhor poderia revelar-me o nome da pessoa que legou-a para o senhor?

Nesse momento, Arlete, que já mantinha César sob seu controle, achegou-se mais a ele e soprou-lhe nos ouvidos:

– Não diga nada, César. Esse homem pode ser um parente longínqüo do seu amigo e poderá estar querendo essa informação para tentar tirá-la de você. E se ele provar que é um parente, será que o Juiz não o fará devolvê-la? Afinal de contas, o homem já estava bem velho e esse parente pode alegar que ele pudesse estar fora de seu juízo perfeito.

César cerra o cenho, parecendo preocupado. As palavras de Arlete chegaram até a sua mente como se o que ela havia dito fossem pensamentos seus.

– Não. Não posso lhe revelar o nome dessa pessoa.

– Mas por quê? Se o senhor me disser, isso somente irá confirmar a sua história, pois possuo algumas informações a respeito da jóia e quero verificar se elas estão de acordo com a sua versão.

– Você vai pagar uma fortuna por uma jóia que não tem certeza se é verdadeira? – pergunta Torquato, ao ouvido do

comprador. – Vai acreditar em alguém que nega-se a dar-lhe maiores informações?

– Acho melhor você cair fora disso o quanto antes – incute Arlete na mente de César.

– Já lhe disse. Não posso revelar o nome da pessoa e, pensando bem melhor, acho que não devo mais vender esta peça. Ela é minha e acho que meu velho amigo não gostaria que eu me desfizesse dela. O senhor entende, não?

– Mas o senhor fez-me perder todo este tempo vindo até aqui e agora não quer mais vendê-la?

– Seu César, – fala uma de suas funcionárias que, não se contendo, interrompeu a conversa dos dois homens – o senhor precisa vendê-la. Precisa de dinheiro para fazer frente às suas dívidas.

– Sim, eu preciso vendê-la – confirma agora, saindo do campo de atuação de Arlete, assim que a moça chamou-lhe a atenção. – Sim. Eu a vendo para o senhor.

– Mas deve informar-me a procedência. Tem que falar-me o nome de seu antigo proprietário.

– Sim... o nome do meu amigo.

César sente-se atrapalhado. Arlete volta a incutir-lhe idéias e procura embaralhar-lhe a mente, mais precisamente a sua memória.

– Isso. O nome de seu amigo.

– O nome de meu amigo. Bem...o nome dele...como é mesmo o nome dele?

– O senhor não consegue lembrar-se do nome da pessoa que foi seu amigo por muitos anos, um verdadeiro irmão, como o senhor mesmo disse e que lhe deixou tão cara herança?

– É lógico que me lembro.

– Então, diga-me.

– Já sei. O nome dele está gravado aqui na caixa. Olhe aqui.

Bruno nem sequer teve o trabalho de olhar para onde César apontava. Deu-lhe as costas e saiu da joalheria, dizendo:

– O senhor é um louco e não faço negócios com loucos. E sinta-se por satisfeito de eu não chamar a Polícia, porque o senhor é um caso de Polícia.

– Espere, senhor Bruno. O nome dele é Cândido...espere.

– O que aconteceu com o senhor, seu César? Não conseguiu lembrar o nome de seu amigo? – pergunta uma das funcionárias da loja.

– É claro que me lembro.

– E por que não falou para o senhor Bruno?

– Não sei. Fiquei com medo. Sei lá.

– Com medo? Medo de quê?

– Sei lá. Bobagens.

– O senhor perdeu o negócio, seu César.

– Eu sei. Tudo estava indo tão bem. Não sei o que aconteceu.

– Essa jóia deve estar mesmo enfeitiçada – comenta a outra balconista.

– O quê?

– Nada, não, senhor César. Estava pensando alto.

– Ouvi você dizer jóia enfeitiçada?

– Sim, seu César. Foi o que eu disse. Não é possível. Ninguém quer comprá-la. Até se interessam, mas depois, na hora de concretizar a compra, alguma coisa atrapalha a sua venda. O que será isso?

– Não sei. O que eu sei é que já devemos estar praticamen-

te falidos por causa dessa jóia. Toda vez que entra um potencial comprador de jóias valiosas e mostro-lhe esta peça, ele se interessa e depois acaba não comprando esta e nem qualquer outra que eu lhe mostre, pois encanta-se tanto com ela que não consegue ver beleza nas demais. Acho que nunca mais irei oferecê-la a ninguém.

– Também penso assim, seu César.

– Vou guardá-la no cofre e esquecer-me de sua existência.

– Bravo! – grita, triunfante, Torquato. – Menos trabalho para nós. Somente tornaremos à carga quando esse velho tolo desencarnar e ela for parar em outras mãos.

– Até o dia em que sua amada estiver de volta à Terra, não é? – pergunta Arlete, abraçada a César.

– Sim. E quem sabe chegará o meu grande dia?! – responde. – Mas, vamos embora agora. Nada mais temos a fazer aqui.

– Ficarei mais um pouco – diz Arlete.

– O que você vê tanto nesse velho, heim, Arlete?

– Velho, hoje. Quando desencarnar, Cúrcio o fará como eu: jovem de novo. E assim deverá fazer com sua amada quando desencarnar após mais uma vida. Afinal de contas, assim que ela receber a jóia, irá se apaixonar por você, não?

– Sim. Há séculos tenho essa certeza – confirma Torquato, deixando a joalheria juntamente com seu bando e deixando Arlete lá. Nesse momento, eu e meus companheiros aprendizes não mais nos contivemos e desfechamos a Flávio uma bateria de perguntas.

– Não estou entendendo muito bem, Flávio – disse-lhe.

– O que você não está entendendo?

– Em primeiro lugar, não consigo entender bem o que Torquato está pretendendo. Ele acredita mesmo que Milena, quando reencarnar e receber de presente essa jóia irá se apaixonar por ele?

– Infelizmente, Torquato, no passado, acabou enlouquecendo por amor a ela e fixou essa idéia em sua mente, nela acreditando cegamente. E é nesse aspecto que tem que ser auxiliado. Tem que compreender que não podemos ter esse sentimento de posse sobre quem quer que seja e, muito menos, pretender obrigar a que esse alguém sinta-se aprisionado sentimentalmente por outra pessoa.

– E por que não procura por Milena, já que ela se encontra também desencarnada?

– Como já expliquei, ele sabe que não poderá alcançá-la, pois ela se encontra num plano vibratório fora de seu alcance. Além do mais, como tem essa fixação na idéia de que ela terá que receber de presente essa jóia, não vê outra maneira de fazê-lo a não ser quando ela estiver na crosta terrestre, num envoltório físico.

– E ele vem tentando isso há muito tempo, não é?

– Sim, e tem feito muita gente sofrer por isso, pois mantém aquela jóia sob seu controle. Agora, por exemplo, conseguiu com que ela fique guardada no cofre de César até surgir uma outra pessoa que adquira a sua posse.

– Mas por que não permitiu que aquele homem a comprasse? Ele poderia continuar a ter controle sobre ela, só que, desta feita, nas mãos do senhor Bruno.

– Acontece que ele possui um controle maior enquanto ela estiver com seu César, pois possui Arlete como aliada e esta manipula o pobre do César com facilidade.

– Entendo. E quando se dará a nova reencarnação de Milena? Vocês reencarnarão novamente juntos e se encontrarão na Terra?

– Pelo que sei, temos uma missão a cumprir e, ao mesmo tempo temos um resgate a realizar juntos. Muito em breve voltaremos à veste carnal. Aliás, estamos nos preparando para isso.

– Vocês estão se preparando?

– Sim. O retorno à carne é uma operação bastante complexa, Soares. Não somente aqueles que nos receberão terão que ser preparados para tanto, como também nós que reencarnaremos.

– E vocês já sabem quem serão seus pais?

– Sabemos.

– Todos os Espíritos, ao reencarnarem, sabem de antemão quem os receberá na carne?

– Nem todos, Soares. Inclusive essa oportunidade no campo físico para burilarmos os nossos defeitos e resgatarmos nossos débitos é uma caridade que Deus, nosso pai, nos oferece e que devemos saber dar o devido valor para bem aproveitá-la, o que infelizmente, poucos o fazem. Mas, respondendo à sua pergunta, uma grande parte volta à Terra compulsoriamente. Muitos rebelam-se de tal maneira ao verem-se na iminência de terem que reencarnar junto a inimigos do passado, a quem muito devem ou são credores, que podem, muitas vezes, provocar um aborto, com a sua rebeldia. Também, quantas mães, insatisfeitas com a gravidez, abortam propositalmente seus filhos, ceifando uma grande oportunidade de redenção e caridade, chegando mesmo a alimentar o ódio nos corações desses Espíritos que deveriam receber em seu útero para dar à luz.

– Mesmo nos casos de estupro?

– Mesmo nos casos de estupro, Soares, nada ocorre por acaso, porque sabemos que nem uma só folha cai de uma árvore sem a permissão do Criador.

– A propósito, irmão Flávio, não sei se devo abordar esse assunto, mas...

– Fale, meu irmão.

– É que...bem...já que estamos aqui...

– Você gostaria de visitar sua filha e seu genro, não é?

– Sim. Seria possível?

– Vamos tentar, Soares, mas devo lhe pedir que, se porventura isso não for possível, não modifique o seu padrão mental de vibração. Ou seja, não se amargure e nem caia na decepção. Se hoje não houver possibilidade, outras chances você terá.

– Oh, sim. Pode ficar tranqüilo, quanto a isso. Mas, apenas para minha compreensão, por que hoje, talvez, não venhamos a ter essa possibilidade?

– Vou lhe explicar. Os Espíritos encarnados devem possuir a sua privacidade e, a não ser que estejam em vibrações inferiores, onde os Espíritos, também inferiores têm livre acesso em seus lares, nós que aprendemos a respeitar a individualidade de nossos irmãos, devemos, antes de entrarmos em contato com eles no recesso de seus lares, procurarmos saber se existem condições para isso.

– Entendo. Mas como iremos saber se existem essas condições?

– É muito simples. Os Espíritos encarnados, quando em sintonia com as coisas do Alto, quando em sintonia com os ensinamentos de Jesus, possuem a proteção de emissários encarregados desse mister. Dessa maneira, quando chegarmos ao lar de sua filha, procuraremos primeiro por esses emissários e somente eles nos permitirão a entrada ou não.

– É sempre assim que ocorre?

– Infelizmente não. A maioria das pessoas deste Planeta, quase sempre não se encontra na posição de merecedores de todo esse desvelo. Na maioria das vezes, todos possuem aqueles irmãos que se preocupam por eles, mas se eles mesmos não estiverem nas condições que citei há pouco, certamente de pouca serventia lhes será toda essa preocupação de seus amigos, pois não há barreiras contra as trevas quando nós mesmos as clamamos.

– E você acha que minha filha e meu genro são merecedores de tal proteção?

– Creio que sim. São pessoas boníssimas, sempre prontas a auxiliar seus semelhantes, em quaisquer circunstâncias.

– Graças a Deus.

– Mas vamos até lá.

Dizendo isso, reunimos a nossa equipe, neste momento espalhada pelo ambiente, já que os outros irmãos aprendizes estavam em elucidativa conversação com as outras entidades socorristas. E partimos. Percorremos vários bairros da cidade até chegarmos à casa de minha filha. A emoção tomou de assalto o meu coração quando vi aquela construção que tantos anos abrigou-me, desde que fiquei viúvo de Clarice, minha esposa. Já era perto das onze horas, horário em que eles costumavam almoçar. Meu genro trabalhava numa empresa próxima dali o que lhe proporcionava essa facilidade de fazer a sua refeição junto à esposa. Assim que chegamos, notei que uma entidade parecia fazer vigília à porta da residência, como que a proteger a entrada de Espíritos inferiores, já que muitos, às centenas, iam e vinham pelas ruas da cidade, a maioria entrando sem cerimônia nas moradias que não possuíam esse tipo de vigilância. Na verdade, quando topavam com essa proteção, esbravejavam ruidosamente e passavam ao largo, temerosos. Irmão Flávio pediu-nos que aguardássemos no passeio oposto e dirigiu-se até lá, entabulando conversação com o Espírito encarregado. Em seguida, atravessou a rua sorrindo e dando-me a feliz notícia:

– Vamos até lá, irmão Soares. Sua filha encontra-se em casa e logo, logo, chegará seu genro. Devo preveni-lo, porém, quanto ao descontrole da emotividade. Mantenha-se sereno e tranqüilo.

– Deus me ajudará.

– Vamos, então. Os outros nos esperarão aqui.

XV

Fernando levanta-se bem cedo e, após ligeira refeição, dirige-se ao Centro Espírita para ter notícias de Régis.

– Bom dia, seu Pedro.

– Bom dia, Fernando. Acordou cedo. Já tomou café?

– Já sim. E Régis?

– Está bem melhor, hoje.

– Ele já se levantou?

– Já, mas voltou a dormir. Está lá no quarto. Quer vê-lo?

– Sim, mas antes gostaria de conversar um pouco com o senhor.

– Vamos nos sentar aqui – convida o médium, apontando duas cadeiras próximas à mesa. – E, então? Contou tudo aos familiares de Régis?

– Contei, sim, seu Pedro.

– E eles?

– Bem, seus pais e principalmente Hermínia, sua irmã, já possuem conhecimentos sobre a Doutrina Espírita e aceitaram bem a decisão que tomamos ontem à noite. Inclusive, pedem para agradecer imensamente ao senhor por ajudar o Régis.

– Não estou fazendo mais que minha obrigação.

– Sim, mas sabemos que o senhor corre algum risco por estar acobertando alguém que está sendo procurado pela Polícia.

– Quanto a isso não há problema, Fernando.

– Agora, o que gostariam de saber é quanto tempo poderá levar para Régis ficar livre dessa obsessão para poder devolver a jóia.

– Sabe, Fernando, isso tudo irá depender do auxílio que iremos ter dos Amigos Espirituais. Como você já deve saber, quem organiza e decide tudo em nossos trabalhos é a equipe espiritual que os dirige. Agora, pela experiência que tenho de muitos anos, creio que irão dar o auxílio necessário para que o rapaz volte à sua normalidade e resolva essa pendência. Depois disso, haverá todo um trabalho para doutrinar essa infeliz entidade espiritual.

– Foi o que Hermínia nos explicou. Ela disse-nos que, talvez, o primeiro passo seja o de afastar, temporariamente, o Espírito para que Régis possa, longe da influência dele, ter condições para nos ouvir e decidir o que fazer. Mas que isso só não será o suficiente, pois a entidade fatalmente voltará e precisará, como o senhor disse, ser doutrinada.

– É isso mesmo, apesar de que são simples conjecturas. Pode ocorrer que tenhamos sucesso logo na primeira reunião.

– Entendo. Mas diga-me mais uma coisa, seu Pedro. O que o senhor achou dele, hoje de manhã?

– Aparentemente, encontra-se normal, apesar de ter sido preciso dar-lhe um passe magnético, pois, ligado ainda à criatura, estava com a idéia de fugir daqui.

– Fugir?!

– Sim. Veja bem. O Espírito que o obsedia sabe o que o espera e quer, a todo custo, levar Régis daqui, a fim de evitar estarem aqui no dia da reunião.

– Então, ele sabe de tudo?

– Oh, sim. É um Espírito de muita experiência e deve conhecer o trabalho dos Espíritos do Bem.

– Não vai ser fácil – comenta Fernando, desanimado.

– Não se desanime, meu filho. Tenha fé em Deus. Tudo dará certo. Pode crer. E aproveitem, você e os familiares de Régis, pois esta hora é de muita felicidade.

– Felicidade?

– Sim, pois Régis está demonstrando possuir uma bela mediunidade. Você já pensou na oportunidade dele desenvolver essa qualidade e trabalhar, dar de si, em prol de seus semelhantes do Plano Espiritual?

– O senhor me tranqüiliza, seu Pedro, expondo a situação de Régis dessa maneira.

O médium sorri e complementa:

– Nada nesta vida acontece por acaso, Fernando. As oportunidades de trabalho no Bem estão sempre desfilando à nossa frente. Basta que as abracemos, pois esta nossa vida neste planeta não pode ser comparada a uma colônia de férias. Estamos aqui para trabalhar e aprimorarmo-nos como Espíritos que somos.

– O senhor tem toda a razão. E quanto a Régis? O senhor disse a ele alguma coisa a respeito da reunião de amanhã?

– Ainda não lhe disse nada.

– Ele fala ainda em ir embora daqui?

– Nós conversamos um pouco hoje de manhã e eu lhe disse que deveria ficar aqui por uns tempos até a Polícia desistir de procurá-lo, que talvez até arquivem o caso e, assim, ele poderá voltar para casa.

– E ele?

– Régis não se encontra em condições de raciocinar e concordou com a minha sugestão.

– E quanto ao Espírito? Ele está por aqui? – pergunta Fernando, olhando ao redor do ambiente como que tentando descobrir se a entidade se encontra por perto.

– Sim. Esse Espírito que descobri chamar-se Torquato, ainda está muito ligado ao rapaz e não o abandona. Somente consegui afastá-lo um pouco, ontem, para poder fazer Régis sair daquele estado de desespero em que se encontrava.

– Você está aí, assassino?! Não foi suficiente o que lhe causei ontem?! Assassino! Assassino! – grita Torquato que, ao ouvir a voz de Fernando, irrompe no salão, bradando colérico e ameaçador. Saca da espada e avança sobre o moço. Evidentemente que Fernando não o vê e nem o ouve, ao contrário de seu Pedro que possui vidência e consegue também ouvi-lo.

– Nossa, seu Pedro, que calafrio senti agora!

– Vamos fazer uma prece, Fernando.

– Por quê? Está acontecendo alguma coisa?

– Não se preocupe. Tudo está bem. Acompanhe-me na oração.

Fernando, então, cerra os olhos e concentra-se nas palavras de seu Pedro, repetindo-as intimamente:

– Deus, pai de misericórdia e amor. Acolhe-nos em Teus braços e preencha os nossos corações com as Tuas luzes de paz e harmonia. Cobre com Tuas bênçãos todas as criaturas necessitadas, principalmente aquelas que há séculos sofrem por sentimentos inferiores de vingança e amor possessivo. Que todas sejam agraciadas com a verdade única da vida que é o amor, despojado de qualquer sentimento que não seja o do perdão, pois que todos seremos perdoados à medida que perdoarmos, nunca nos esquecendo que a Tua misericórdia nos perdoa em todos os segundos de nossa vida. Auxilia-nos para que nunca esqueçamos que nada nos acontece por acaso, mas sim, por força de nossos próprios atos e que nos lembremos sempre e procuremos vivenciar a pureza que possuíamos quando, por Tua bondade ofereceste-nos uma nova oportunidade de reencontrarmos nossos antigos ofensores para termos a oportunidade de perdoá-los . Cubra-nos de bênçãos e que todos os infelizes aqui presentes possam sentir, neste momento, toda a calma, toda a paz que acaba de instaurar-se neste ambiente. Que consigam ouvir a suave e sublime música celestial que nos é enviada desde o mais longínquo ponto do Universo. Ampara-nos agora e sempre. Que assim seja.

Ao terminar a oração, seu Pedro percebe que Torquato mantivera-se imóvel e recostado a uma das paredes do salão, amparado por Espíritos trabalhadores da casa, que lhe aplicavam passes tranqüilizadores.

– Que grande paz estou sentindo, seu Pedro.

– A oração é a única arma eficaz que possuímos contra todos os males. E quando falo em oração, não me refiro somente às palavras que nos saem da boca, mas principalmente, daquela originária de nossos atos. Quando Jesus nos recomendou orar e vigiar, Ele, obviamente, reportava-se à oração que se eleva até Seu Pai, através de nossas atitudes frente aos nossos semelhantes.

– Bonitas palavras, seu Pedro.

– Você quer falar com Régis?

– Será prudente?

– Fale com ele com muito amor e verá o quanto lhe valerá essa conversação.

– Está bem. O senhor vai chamá-lo ou iremos até o quarto?

– Vou chamá-lo.

Dizendo isso, o médium dirige-se ao quarto do rapaz e, alguns minutos depois, retorna trazendo Régis consigo.

– Temos uma visita para você, Régis.

– Fernando...?!

– Como vai, meu amigo?

O rapaz olha meio desconfiado e senta-se. Volve, então, o olhar para seu Pedro, que lhe envia um gesto positivo, meneando a cabeça verticalmente.

– Estou bem, mas o que veio fazer aqui?

– Vim só visitá-lo. Ver como está. Conversar um pouco.

– Meus pais sabem que estou aqui?

Seu Pedro responde ao perceber a indecisão de Fernando quanto à resposta a ser dada.

– Sabem, meu filho. Ontem à noite, combinei com Fernando que você permaneceria aqui por uns tempos e pedi-lhe que avisasse os seus familiares.

– Mas eles não podem vir até aqui. Pode ser que a Polícia esteja vigiando todos os passos deles. Poderão segui-los.

– Eles não virão, Régis. Pode ficar sossegado.

– E se seguirem você?

– Não tenha receio, meu amigo. Isso não irá acontecer. De qualquer maneira, poderei dizer que freqüento este Centro há já algum tempo.

– E eu confirmarei isso.

– A porta está fechada? – pergunta o rapaz, preocupado e apreensivo.

– Fique tranqüilo. Tive esse cuidado.

– Ando muito confuso ultimamente, Fernando. Parece-me que já nem mesmo sei quem sou.

– Eu entendo e o que lhe peço, Régis, é que continue a confiar em seu Pedro e faça tudo o que ele lhe pedir. Pode ter plena certeza de que tudo isto irá passar.

– Mesmo com referência àquela jóia...sinto estranha fixação por ela...não sei explicar...tem momentos em que penso em devolvê-la, mas no mesmo instante, sinto que ela me pertence e que ninguém tem nenhum direito de tomá-la de mim...é algo muito forte.

– E agora, Régis? O que pensa a respeito? Não gostaria de devolvê-la? Se quiser, posso ajudá-lo nisso.

– Talvez...

Nesse momento, o rapaz exterioriza ligeiro esgar, um forte estremecimento no corpo e violento movimento sacode-o, fazendo com que se levante rapidamente da cadeira, assumindo ares de defesa. Seu Pedro percebe, através de sua mediunidade, a influência de Torquato sobre o moço, tentando fazê-lo devolver a jóia à polícia. Régis sente essa tentativa e acaba voltando-se contra Fernando.

– Não vou entregá-la a ninguém! Já disse e não insista! Vá embora daqui!

– Acalme-se, Régis, e controle-se. Fernando, por favor, peço-lhe que se vá agora. Vá tranqüilo que cuidarei dele.

Fernando levanta-se e dirige-se à porta do Centro. Lá chegando, volta o olhar para Régis, a tempo de ouvi-lo sussurrar baixinho por entre os dentes:

– Eu o odeio!

***

– E, então, Miguel? Existe a possibilidade de localizar o proprietário do carro, apenas com estes números?

– Possibilidade existe, mas vai exigir um certo tempo, pois várias combinações devem existir com esta única letra e com estes dois números apenas.

– Você vai tentar?

– Tentar, não. Vou conseguir. Se diz que é muito importante para você, o é também para mim.

– Muito obrigado, Mário. Nem sei como lhe agradecer.

– Para que servem os amigos, afinal de contas?

– E quanto tempo acha que poderá levar?

– Não sei, Fernando. Tudo vai depender da sorte. Logicamente será mais fácil pelo fato de se tratar de um carro importado. Se fosse um carro popular, certamente eu lhe entregaria uma grande relação de nomes.

– Não há problema. Tenho que localizar essa pessoa.

– Tudo bem. Passe aqui...não...pode deixar. Assim que descobrir o nome do proprietário, eu lhe telefonarei.

– Está certo. Eu aguardarei e, mais uma vez, muito obrigado.

– Não quer ficar para o almoço? – convida a esposa de Miguel, já que Fernando não tivera a paciência de esperar o dia seguinte para procurar o amigo despachante, fazendo-o naquele mesmo dia, assim que saiu do Centro de seu Pedro.

– Eu agradeço muito, mas ainda tenho que ir a outros lugares.

– Está bem, Fernando, mas se quiser voltar, poderemos esperá-lo.

– Vamos deixar para uma outra ocasião. E muito obrigado, Miguel.

– Vá com Deus. Quando eu tiver alguma resposta, telefonarei.

Fernando deixa a casa do amigo e dirige-se para a residência de Hermínia, a fim de lhes dar alguma notícia de Régis. Evidentemente não irá contar sobre a última reação dele. A distância da casa de Miguel não é muito grande e em poucos minutos chega lá, sobressaltando-se assim que cruza os portões, pois vê estacionado à frente da entrada da casa uma viatura policial.

– Meu Deus, o que será que a Polícia está fazendo aqui?

Lentamente e procurando não fazer muito barulho com o carro, estaciona a uns vinte metros da casa e para lá dirige-se a pé e toca a campainha. É a empregada quem atende e o informa que estão todos no escritório conversando com um delegado e que ele deverá aguardar na sala de estar, pois seu Getúlio pediu para que não permitisse a entrada de ninguém.

– O que será que esse delegado deseja? – pergunta-se a si mesmo, preocupado e, não conseguindo conter-se, mais pela vontade de auxiliar do que pela curiosidade, dirige-se até a porta do escritório que, ligeiramente entreaberta, permite que ele escute a conversa.

– Já lhe disse que não sabemos onde se encontra o nosso filho, seu delegado. Inclusive estamos muito aflitos – diz seu Getúlio.

– E o senhor acha que vou acreditar nisso? Vocês me parecem calmos demais para quem não conhece o paradeiro do próprio filho.

– É lógico que estou muito preocupada – explica dona Ivone, tentando disfarçar. – O senhor pensa que sabe mais do que o coração de uma mãe?

– Eu não quis dizer isso, mas, realmente, não estou acreditando em vocês e devo avisar-lhes que ocultação de foragido é crime.

– Foragido? Meu filho não é um foragido. Meu filho está doente – exaspera-se a mulher. Seu Getúlio tenta acalmá-la, mas não consegue. – Está muito doente sim. Ele tem mediunidade e está sendo vítima de um Espírito obsessor.

– O que a senhora está dizendo? Quer que eu acredite que ele está simplesmente fazendo o que uma alma do outro mundo lhe ordena? A senhora acha que vou acreditar nisso? A senhora acha que a Justiça irá acreditar nessa estória fantástica? Olhe, minha senhora, ninguém acreditará nessas coisas. Agora, o que eu quero é auxiliar e proteger o seu filho, mas pelo visto a senhora não quer que eu cumpra com o meu dever. E vou dizer-lhe uma coisa: se algo acontecer com ele e eu descobrir que vocês estão mentindo para a Polícia e dificultando o meu trabalho em protegê-lo, podem ter plena certeza de que serão responsabilizados.

– Responsabilizados...?

– Sim. Serão responsáveis pelo que acontecer.

– Oh, meu Deus! Getúlio, meu querido, o que devemos fazer?

– Não devemos fazer nada, Ivone, pois se não sabemos do paradeiro de Régis, o que podemos fazer?

– Eu sei, mas...

– Mas... – insiste o delegado.

– Vamos dizer a verdade ao delegado, Getúlio. Quem sabe ele poderá nos ajudar?

– Assim é que se fala, dona Ivone. E, então, seu Getúlio, vamos conversar?

Fernando afasta-se da porta e, sabendo que não tem muito tempo a perder, apanha um telefone e liga para Álvaro que mora mais próximo do Centro Espírita.

– Vamos! Atende logo, Álvaro! Vamos! Se contarem tudo ao delegado, este, com um simples telefonema, lá mesmo do escritório enviará a viatura que estiver mais próxima! Vamos! Atende! – roga, mentalmente, para que o amigo atenda ao chamado, o que leva alguns angustiantes segundos – Alô! Álvaro?! É Fernando. Por favor, preste atenção. Temos que agir rápido.

XVI

Com o coração batendo forte, entrei na casa de minha filha. Irmão Flávio caminhava à minha frente. Na sala, precisei controlar-me para não me ver de novo, transportado às reminiscências do momento de minha desencarnação. Parecia incrível que, depois de tanto tempo, ainda pudesse ter essa sensação. Quanto precisamos ainda aprender para conseguirmos ficar isentos de nossos descontroles emocionais.

– Tudo bem, Soares? – perguntou-me Flávio, voltando-se para mim e abraçando-me pelos ombros, carinhosamente.

Estou um pouco emocionado em estar aqui e quase não consigo controlar a minha ansiedade, agora que estou próximo de rever minha filha. Onde ela está?

Deve estar na cozinha.

Nesse momento, ouvimos o barulho de uma chave a girar na fechadura. Afastamo-nos para um canto da sala e ficamos aguardando.

– Alzira! – chamou meu genro, entrando no cômodo e fechando a porta atrás de si.

– É ele! – quase gritei de emoção.

– É lógico que é ele – respondeu-me irmão Flávio. – Quem haveria de ser? É seu genro.

Nesse momento, as lágrimas brotaram como uma nascente em meus olhos. Minha filha Alzira entrou na sala vindo ao encontro de seu marido e abraçando-o pela cintura.

– Não imagina o que cozinhei para você.

– Não me diga que fez aquele peixe com molho de camarão?

Alzira limitou-se a sorrir, confirmando.

– Você é um anjo! – brincou meu genro, abraçando-a carinhosamente.

Olhei interrogativamente para o irmão Flávio que, imediatamente, autorizou-me, apontando o casal com as mãos.

– Posso? – perguntei-lhe como uma criança pergunta à mãe se pode tocar um objeto delicado.

– Pode sim, Soares.

Caminhei, então, lentamente até os dois e enlacei-os com um largo abraço.

– Meus filhos! Quanta saudade! E como sinto-me feliz com a felicidade de vocês. Se soubessem o quanto isso significa para um coração paterno!

– Gostaria que papai estivesse aqui, meu bem. Ele gostava tanto de peixe – comentou Alzira. – Ainda sinto muito a sua falta e oro muito por ele.

– Também tenho sentido a falta de seu Soares. Era como um pai para mim. Interessante você falar dele neste momento. Sabe que pensei muito nele, hoje?

– Verdade?

– Sim, principalmente quando estava chegando, agora há pouco. Parecia sentir-lhe a presença aqui na casa, quando abri a porta. Lembra-se de que ele estava sempre me esperando para o almoço, sentado aqui nesta poltrona?

– Sim.

– Eu chegava e ele logo me contava algo de interessante que havia lido no jornal. Mas, hoje, foi impressionante. Realmente, parecia que eu iria abrir a porta e dar de topo com ele. Mesmo neste momento parece-me sentir a sua presença.

Alzira olhou, então, ao redor da sala e disse, com os olhos úmidos:

– Quem sabe ele não estará mesmo aqui nos vendo e sorrindo?

Chorei como criança, ainda abraçado aos dois. Evidentemente que não chegava a sentir os corpos deles, mas parecia sentir o contato de nossos fluidos se tocando.

– Quem sabe ele não veio aqui atraído pelo peixe com molho de camarão? – brincou meu genro, também enxugando, assim como Alzira, uma pequena lágrima do canto dos olhos.

– Eles ainda se lembram de mim, irmão Flávio. Eles ainda se lembram de mim. Eles ainda me amam – disse eu entre soluços de profunda emoção. As palavras e as vibrações de carinho que deles partiram fizeram-me um bem enorme.

– São bons filhos, Soares. São Espíritos do Bem.

– Agora vamos almoçar. Não quero que a comida esfrie.

– Vamos.

Saíram, então, ainda abraçados em direção à cozinha. Volvi o olhar para Flávio que, atendendo ao meu rogo mudo, convidou-me:

– Vamos até lá, Soares.

– Podemos ficar mais um pouco com eles?

– Até quando o bom senso nos permitir, pois não devemos de maneira nenhuma invadir a privacidade do casal.

– Oh, sim. Eu entendo.

Rumamos para a cozinha, onde Alzira terminava de colocar o peixe em uma travessa que fez questão de decorar com folhas verdes e alguns tomates. O arroz estava fumegante e o pirão parecia estar delicioso. Lembrei-me de quando deliciava-me com os pratos feitos por Alzira. Ela tinha mãos de fada na cozinha.

– Mas o cheiro está muito bom e pela experiência que tenho, as comidas que prepara são sempre muito mais deliciosas que o próprio cheiro.

– Você é muito gentil, querido. Mas vamos nos sentar e comer.

– Não precisa falar duas vezes.

Alzira sentou-se defronte de seu esposo e ficou aguardando que ele comesse e desse o seu parecer.

– Hum...hum...hum...

– É só isso que você sabe dizer?

– Está delicioso, meu amor e de uma coisa você pode ter certeza: nunca irei abandoná-la.

– Ah, só por causa de minha comida, não é? – brincou Alzira, fingindo-se de ofendida, enquanto o rapaz levantou-se e, rodeando a mesa, deu-lhe um abraço e carinhoso beijo em suas mãos.

– Você sabe que a amo muito e não precisaria nem saber cozinhar direito para que continuasse a amá-la.

– Ah bom. Agora sim.

– Mas já que sabe cozinhar, melhor ainda, não é?

– Volte já para seu lugar e continue a comer.

E assim, até o final do almoço continuaram trocando palavras de carinho, fazendo-me um bem enorme vê-los assim tão felizes. Quando terminaram de almoçar, minha filha serviu um café que ficaram saboreando, continuando a conversar. Nesse momento, irmão Flavio caminhou até Alzira e tocou-lhe a fronte, parecendo transmitir-lhe alguma intuição. Poucos segundos permaneceu naquela posição até que retornou ao lugar onde estava.

– Sabe, meu bem, – disse minha filha – tenho pensado muito nestes últimos dias e gostaria de lhe falar a respeito de um assunto sobre o qual resolvi tomar uma decisão.

– Fale, Alzira. De que se trata?

– Penso que está na hora de encomendarmos um bebê.

– Você está falando sério?

– Estou. Já faz dias que penso nisso.

– Alzira, que bom! – exclamou o rapaz, tornando a abraçá-la, carinhosamente. – Você dizia que ainda era cedo.

– Não acho mais. Acho que quanto antes melhor. Não vamos esperar envelhecermos, não é?

– Você tem razão. Também tenho sentido essa vontade, ultimamente. Mas e o tratamento que você estava fazendo?

– Terminei o mês passado e o médico disse que já posso engravidar sem nenhum risco para o bebê.

– Mas isso é maravilhoso! Ah, mas temos que comemorar essa sua decisão. Hoje trarei uma garrafa de vinho para o jantar.

– Isso mesmo. Faremos um jantar à luz de velas e comeremos uma deliciosa sobra de peixe com camarões.

– Será um menino.

– Um menino? E como pode ter tanta certeza?

– Intuição masculina.

– Pois minha intuição é mais forte que a sua, pois é intuição feminina.

– E o que ela diz?

– Ela diz que será um menino.

– Verdade?!

– Mas e se vier uma menina?

– Ora, meu bem, sabe que a amarei da mesma forma. E, além do mais, o segundo poderá ser um menino.

– Um segundo? Mas que ousado! Nem tivemos o primeiro ainda e já está falando do segundo?

– Vamos montar uma fábrica de bebês.

– Você é louco?

– Sou louco, sim. Louco de amor por você.

– Tudo bem. Você é um louco, eu sou uma louca, só que agora você tem que ir para o trabalho e eu tenho uma bela pia de louças para lavar.

– O peixe estava uma delícia. Não vejo a hora de chegar a noite para sentir fome novamente.

– Guloso! Vai ficar gordo desse jeito.

– Gordo e apaixonado.

– Já, já para o trabalho!

E continuaram rindo até meu genro sair em direção à rua. Eu, por minha vez, não cabia de alegria, primeiro, por vê-los tão felizes e, principalmente, pela iminência da vinda de um neto.

– Você já sabia dessa decisão de minha filha, irmão Flávio? Estou lhe perguntando porque ela falou disso assim que aplicou-lhe um passe.

– Sabia, sim, irmão Soares, e o passe foi apenas para encorajá-la a falar naquele momento, pois assim daria uma grande alegria a você e faria com que Alzira se comprometesse com essa missão.

– E eu lhe agradeço de todo o coração, irmão Flávio. Mas como sabia dessa decisão de minha filha?

– Um dia você saberá com mais detalhes. O que posso lhe adiantar, por enquanto, é que nada ocorre por acaso e quando se trata de reencarnação, todo um trabalho é realizado antecipadamente. Pormenores são exaustivamente estudados. Se o Espírito encarnado tivesse uma simples idéia da movimentação que é feita em torno desse trabalho, pensaria mil vezes antes sequer de pensar em realizar um aborto.

– Entendo. Mas diga-me mais uma coisa: você sabe quem irá reencarnar como filho deles? Eu conheço?

– Não posso ainda entrar em detalhes com você, meu irmão. Tenha um pouco de paciência. No momento oportuno, quem sabe irá até nos ajudar nesse sagrado e sublime trabalho de concepção?

– Ficaria muito feliz, irmão Flávio.

– Agora temos que retornar.

– Posso despedir-me de Alzira?

– Vou aguardá-lo junto aos outros, lá fora. Não se demore.

– Irei em seguida.

Irmão Flávio retirou-se e fiquei a sós com minha filha. Ela havia acompanhado o marido até a porta e, voltando à cozinha, encheu nova xícara de café, saboreando-o, sentada à mesa.

– Que bom seria se meu pai estivesse vivo, ainda – disse para si mesma, em voz baixa – Ficaria tão feliz em embalar o seu neto.

– Eu estou feliz, minha filha e virei vê-lo sempre – disse, a meu turno.

– É... talvez ele possa vir vê-lo. Quem sabe já não estará sabendo dessa nossa decisão e já não está muito feliz com isso?

– Você não disse que parecia perceber a minha presença aqui, hoje?

– Interessante. Parecia que papai estava aqui em casa hoje. Será que isso é possível?

– Lógico que isso é possível, filha. Afinal de contas, a morte não pode acabar com tudo e muito menos com tanto amor que sentimos uns pelos outros – continuei a falar. Era impressionante como Alzira parecia captar o que eu lhe falava.

– Deve ser possível, sim. A morte não pode acabar com tudo, separando as pessoas que se amam. Mas gostaria de ter uma prova de que papai está vivo e que vem me ver.

– A maior prova, filha querida, é o grande amor de Deus e a grande virtude é acreditarmos sem necessitarmos de provas.

– Acho que já estou querendo demais. Penso que temos que crer pela própria crença na existência de Deus que se manifesta por toda a natureza, por todo o equilíbrio do Universo e, se cremos em Deus, por que não crermos naquilo que de mais lógico pode existir que é o amor eterno?

– Você pensou certo, minha filha. E sua mãe?

– Senti a presença de papai, mas não senti a de mamãe. Por que será?

– Talvez porque ela esteja numa posição mais elevada e quando aqui vem fica mais difícil de lhe ser percebida a presença.

– Mamãe era uma pessoa de coração tão sublime. Penso até que nem precisa vir aqui para nos ver. Pode ver-nos de onde está mesmo, pois tamanha a sua bondade, é claro que deve estar num lugar de muita luz. Mas, mesmo assim, gostaria de sentir a sua presença neste momento.

– Também gostaria muito de encontrá-la, mas sei que devo ter paciência. Tudo tem a sua hora.

Mal tinha terminado de falar essa frase quando algo ma-

ravilhoso aconteceu. Escutamos um barulho na sala, como se algo tivesse caído. Alzira dirigiu-se até lá e fui atrás dela.

– Meu Deus! – exclamou assim que chegou ao cômodo. Tentei descobrir o que poderia ter acontecido de tão grave, a ponto de assustar Alzira. Olhei para ela e percebi que estava com o olhar fixo na direção de uma estante. Olhei atentamente para o móvel e qual não foi a minha surpresa ao ver que o meu porta-retrato tinha, misteriosamente, caído e encontrava-se apoiado no de minha esposa Clarice.

– Isso só pode ser um sinal – falou Alzira.

– Só pode mesmo – disse para comigo mesmo, – volvendo o olhar por todo o cômodo na esperança de poder ver a minha querida esposa. Mas foi em vão, a não ser por um delicioso perfume que deixou no ar.

Alzira apanhou os dois porta-retratos e levou-os ao peito carinhosamente.

– Minha mãe! Meu pai! Muito grata por esse sinal que me deram. Não imaginam como isso foi um bálsamo e um ânimo para mim, sabê-los mais vivos do que nunca. Deus lhes pague.

Abracei ternamente minha filha, o que não passou desapercebido por ela e tornei à rua, onde me aguardavam irmão Flávio e o restante dos companheiros.

– Para onde vamos? – perguntou Mendes.

– Vamos voltar para a nossa Colônia. Em momento oportuno, retornaremos.

XVII

– O que quer que eu faça, Fernando?! Tenho que tirar Régis lá do Centro?! E vou levá-lo para onde?

– Escuta, Álvaro, a Polícia...

– Já sei, Fernando. Você já me contou, mas não podemos fazer isso. Se a própria família está contando a verdade para o delegado, como nós vamos escondê-lo? Você ficou louco?

– Você tem que confiar em mim, Álvaro. Nem dona Ivone ou Hermínia, nem tampouco seu Getúlio perceberam o que estão fazendo. Régis encontra-se num estado no qual não vai revelar onde escondeu a jóia e a Polícia irá prendê-lo como receptador. Vai levá-lo preso, Álvaro. Ele vai para a cadeia. Agora, se o escondermos, daremos chance para que seu Pedro doutrine o Espírito e, talvez, Régis entregue a jóia ao seu dono.

– Eu não consigo entender isso, Fernando. Sei que já me explicou duas vezes, mas por que esse tal de Torquato, esse Espírito, não faz com que o Régis devolva a jóia? Não é de seu interesse?

– Escute, Álvaro. Régis está sob o controle de Torquato, porém fixou na mente a idéia de que a jóia é sua. Nós temos que ajudá-lo.

– Não sei, Fernando...

– Então, faça, pelo menos o seguinte: vá até o Centro Espírita e conte tudo a seu Pedro. Só isso. Deixe que ele resolva o que fazer.

– Está bem, Fernando. Irei até lá.

– Muito bem, Álvaro. Faça isso já. Depois nós conversaremos a respeito.

– Certo. E para onde você vai?

– Tenho que sair rápido daqui. Não quero que o delegado me veja. Vou desligar.

Fernando, então, procurando não fazer nenhum ruído, sai da casa. Percorre diversas ruas da cidade prestando atenção nos carros atrás do seu, a fim de verificar se não está sendo seguido. Quando tem absoluta certeza disso, parte em direção ao Centro de seu Pedro. Álvaro não se encontra mais lá.

– Seu Pedro! – chama Fernando ao entrar no Centro. – Seu Pedro!

– Estou aqui, meu filho, vai entrando. Estou aqui nos fundos.

Fernando percorre todo o comprimento do salão e sai por uma porta à esquerda de onde percebe ter saído a voz do médium.

– Sou eu. Fernando.

– Pode vir até aqui.

Fernando passa pela porta que dá passagem para o quintal do Centro. Lá fora, vê seu Pedro cuidando de pequena horta.

– Boa tarde, seu Pedro. Álvaro esteve aqui? Falou com o senhor?

– Sim. Ele esteve aqui para levar Régis.

– Álvaro queria levá-lo? Iria hospedá-lo?

– Sim. Disse ter decidido isso no caminho para cá.

– Álvaro é fantástico. E ele o levou?

– Eu não permiti.

– Não?

– Não. Achei que ele ficaria melhor continuando comigo.

– Mas e se a Polícia vier até aqui? Aliás, tenho plena certeza de que virá.

– Não se preocupe, Fernando. Eu o escondi em lugar mais seguro.

– Em lugar mais seguro? E que lugar é esse?

– Na casa de uma médium aqui do Centro. Ela mora sozinha e possui um quarto nos fundos de sua casa. Seu nome é Jandira. Lá, Régis ficará a salvo da Polícia e, além do mais, é aqui perto.

– Entendo...então o senhor também acha que o melhor a fazer é escondê-lo?

– Penso que sim, a não ser que você tenha uma idéia melhor.

– Não, não, seu Pedro. Está excelente. E essa Jandira terá condições de controlar Régis se ele necessitar?

– Oh, sim. Jandira é uma senhora de seus cinqüenta e poucos anos e tem muita experiência com a mediunidade. Na verdade, é meu braço direito aqui no Centro. É uma excelente médium na psicografia, sabe? Você sabe o que é psicografia, não?

– Sim. O Espírito utiliza-se das mãos do médium para escrever, não é?

– Bem, na verdade, existem dois tipos de psicografia: a mecânica e a intuitiva. Na mecânica, o Espírito toma a mão do médium e a movimenta, escrevendo as suas idéias. Na intuitiva, o Espírito comunicante passa as informações através da intuição, ou seja, o médium capta as idéias desse Espírito e as escreve numa folha de papel.

– E Jandira?

– Jandira possui um misto desses dois tipos de psicografia. No caso dela, o Espírito lhe toma as mãos e, ao mesmo tempo, ela capta as suas idéias.

– Entendo.

– Jandira, no momento, está escrevendo um livro. Aliás, é a primeira vez que o faz. Quer dizer, ela sempre trabalhou através da psicografia, mas é a primeira vez que um Espírito lhe dita um livro. Diz ela que está escrevendo a vida dessa entidade.

– Gostaria de conhecê-la, um dia.

– Quer ir lá, agora?

– Agradeço, seu Pedro, mas preciso ir. Combinei almoçar na casa de Hermínia e vou voltar lá. Também quero saber o que eles contaram ao delegado. A propósito, seu Pedro, não vai demorar muito e a Polícia estará aqui. O senhor já pensou o que vai dizer a ela?

– Vou ter que lhes pregar uma pequena mentira, não é?

– O senhor está se arriscando muito, seu Pedro.

– Muitas vezes, Fernando, para auxiliarmos alguém, realmente necessitado, temos que nos arriscar. Sei, também, que não devemos mentir, mas quando necessário...

– Deus lhe pague, seu Pedro, pelo que está fazendo por Régis.

– Vá com Deus, meu filho e deixe tudo por minha conta. Somente lhe peço e aos familiares do rapaz, que orem bastante por ele. A prece é a nossa maior ferramenta.

– Sei disso, meu bom homem. Até mais.

– Até mais.

***

– Que bom que você veio, Fernando – exclama Hermínia ao atender a porta de sua casa. – Você não pode imaginar o que aconteceu.

– O que foi? – pergunta Fernando, como se não estivesse sabendo de nada.

– Entre. Venha falar com mamãe e papai. Eles estão desesperados.

Fernando entra na sala de estar e dona Ivone e seu Getúlio encontram-se sentados no sofá, visivelmente abatidos.

– Oh, Fernando – diz dona Ivone, levantando-se e tomando o rapaz pelo braço, fazendo-o sentar-se em uma poltrona defronte de seu Getúlio que, de tão arrasado, limita-se a cumprimentá-lo. – Que besteira nós fizemos hoje de manhã.

– Conte-me, dona Ivone.

– O delegado esteve aqui fazendo-nos perguntas e dizia não crer que não sabíamos onde Régis se encontrava. Disse-nos que seríamos responsabilizados se porventura algo de mal acontecesse com o nosso filho. E eu fiquei tão assustada que acabei contando-lhe tudo. Agora, a Polícia deve estar se dirigindo até o Centro. Ele vai ser preso, Fernando. Arrependi-me tanto de ter contado.

– O que foi feito está feito, Ivone – interrompe seu Getúlio. – Não se culpe por isso. Eu também fiquei assustado com as palavras do delegado, apesar de estar arrependido, também, de ter-lhe contado. Só nos resta, agora, aguardar. O delegado prometeu-me que irá avisar-me. Já contatamos nosso advogado e ele irá acompanhar Régis, quando for interrogado.

– Régis não será preso, seu Getúlio. Podem ficar descansados.

– Como assim? – pergunta Hermínia.

– Eu estive aqui, hoje de manhã, e estava aguardando nesta sala quando pude ouvir parte da conversa de vocês com o delegado.

– Você esteve aqui? Como a empregada não nos disse nada?

– Acredito que ela nem se lembrou mais, dona Ivone.

– E você ouviu o que dissemos à Polícia?

– Não tudo. Apenas ouvi quando a senhora disse que talvez fosse melhor contar tudo.

– E aí...?

– Apanhei este telefone e liguei para o Álvaro, pedindo-lhe que fosse depressa até o Centro Espírita e contasse tudo a seu Pedro. Álvaro mora mais perto.

– E ele foi?

– Sim. Inclusive queria hospedar Régis em sua casa, porém seu Pedro achou melhor escondê-lo na residência de uma médium de nome Jandira que mora a algumas quadras do Centro.

– E você esteve com meu irmão?

– Não. Assim que fiquei sabendo, vim para cá o mais depressa possível para contar-lhes.

– Mas você fez de conta que não sabia de nada quando aqui chegou, Fernando.

– Desculpe-me, Hermínia. Não queria precipitar-me. Pretendia ouvir primeiro o relato de vocês. Afinal de contas, tomei uma decisão por conta própria, sem consultá-los. Também peço que me desculpem por isso, apesar de que pretendia, se fosse o caso de vocês estarem convictos de que o melhor seria Régis ser preso, contar-lhes a verdade.

– Oh, meu filho, você fez muito bem e eu lhe agradeço de todo o coração – diz seu Getúlio, abraçando, comovidamente, o rapaz.

– Seu Pedro pede para que oremos bastante por ele.

– Como será que isso tudo vai terminar? Já não estou agüentando mais. Queria tanto ver meu filho – fala, desconsolada, dona Ivone.

– Fique calma, dona Ivone. Tenho muita confiança em seu Pedro e creio que tudo irá terminar bem.

– Assim espero. Pobre Régis. Mas e essa mulher que o acolheu?

– Ela é médium desse Centro Espírita e disse seu Pedro que é o seu braço direito nos trabalhos daquela casa.

– Esse homem é um santo – comenta dona Ivone.

– Tem razão – concorda seu Getúlio. – Na verdade, ele está se arriscando, escondendo nosso filho.

– Pode ter certeza, seu Getúlio. O que ele está fazendo demonstra que estamos no caminho certo. Tenho muita confiança nele.

O telefone toca e Maria, a empregada, atende prontamente.

– É para o senhor, seu Fernando.

– Para mim? Quem poderá ser?

– Alô! Quem? Álvaro? Pois não, meu amigo. Olhe, antes de mais nada, quero agradecer-lhe pelo que fez com Régis. Sim...não...você foi grande...Eles já estão sabendo, aliás, ficaram agradecidos a nós pelo que fizemos...sim...sim...depois eu lhe conto. Estou bem. O quê? Você tem uma ótima notícia para mim? Quem? Você descobriu onde ela mora? Como conseguiu?

Sei...Você a viu...seguiu...Mas tem certeza, Álvaro?... Sei... Igualzinha à das fotos...E anotou o endereço?...Pode falar...Espere, deixe-me pegar uma caneta.

Fernando apalpa os bolsos em busca de caneta e não encontra.

– Você quer uma caneta? – pergunta Hermínia – Espere que eu vou buscar.

– Um pedaço de papel também, por favor – pede, lembrando-se do episódio do punho da camisa. – Espere um pouco só, Álvaro. Hermínia foi buscar uma caneta e um pedaço de papel.

– Tome, Fernando.

– Pode falar, Álvaro. Já tenho a caneta e o papel. Sim...rua...sei onde fica...número?...e o apartamento? Ah, sei...você não entrou...está certo...não...eu encontro...está certo...não, não sei se irei hoje...você sabe...agora que a encontrei...sinto medo...e depois preciso me arrumar um pouco...não...não vou exagerar...você ri, não é? Ri porque não é com você...está bem...pode deixar...eu lhe conto depois. Olha, Álvaro, muito obrigado, meu amigo. Mais uma vez você foi grande. Um abraço. Tchau.

– Era Álvaro? – pergunta Hermínia.

– Sim.

– Parece que ele descobriu um endereço para você.

– Sim, é de uma cliente lá da firma – disfarça Fernando.

– Você disse que sente medo... – insiste Hermínia.

– Foi apenas uma maneira de dizer. Não se preocupe.

– Estou achando você um pouco estranho, Fernando.

– Está acontecendo alguma coisa, meu filho? – pergunta seu Getúlio que também ouvira a conversa de Fernando ao telefone.

– Não, seu Getúlio. Está tudo em ordem. Bem, eu preciso ir, agora.

– Você não quer comer alguma coisa? Pelo visto não deve ter almoçado ainda.

– Infelizmente não vai dar, dona Ivone. Preciso passar no escritório para apanhar alguns papéis. Almoçarei no caminho.

– Mas é uma pena.

– Fica para uma outra vez.

– Você quem sabe, filho. Apesar de que hoje ninguém aqui teve vontade de almoçar.

– Não se preocupem. Régis está bem. E podem acreditar que tudo dará certo. Deus há de nos ajudar.

– Assim espero, Fernando.

– Bem, realmente, preciso ir.

– Vou acompanhá-lo até o portão.

– Vamos, então.

– Você me parece muito estranho, mesmo, Fernando. Primeiro, foi o episódio da delegacia que eu não consegui acreditar, ainda, na sua história. Agora, esse telefonema estranho...

– Você tem razão, Hermínia – acaba confessando, pois não acha justo esconder mais nada da antiga namorada que ele sabe ainda gostar muito dele – Realmente, eu menti para você, mas prometo contar-lhe tudo o que está acontecendo.

– Conte, então, Fernando.

– Infelizmente, agora não posso, Hermínia. Tenho que ir-me. Na próxima vez que nos encontrarmos. Prometo-lhe.

– E quando será isso?

– Talvez amanhã, depois da reunião no Centro Espírita.

– Você virá me apanhar?

– Sim. Eu lhe telefono antes.

XVIII

Fizemos muitas incursões à Terra no intuito de auxiliar César, Arlete e principalmente Torquato. Flávio detinha muito interesse em auxiliá-lo por causa de Milena e de seu próprio passado, mas encontramos muitas dificuldades. Torquato não se deixava abater e lutava com unhas e dentes para defender o controle sobre aquela jóia e a idéia fixa de fazê-la, um dia, chegar às mãos de sua amada. E meses se passaram até que Flávio fez-me emocionante revelação que, de início deixou-me triste e, logo depois, exultante de felicidade.

– Preciso lhe falar algo muito importante sobre nossos destinos, irmão Soares.

– Nossos destinos?

– Sim. Devo retornar ao plano material.

– O quê?! Você vai reencarnar, novamente?!

– Faz parte de mais uma etapa de minha evolução.

– E Milena?

Os olhos de Flávio adquiriram brilho especial ao revelar-me:

– Ela deverá também retornar à Terra, cerca de dois anos após a minha ida. Lá nos encontraremos, novamente.

– Viverão juntos de novo?

– Assim está programado, apesar de termos que vencer algumas dificuldades para isso. Mas tudo faz parte de nossa missão.

Apesar de já conhecer os mecanismos da vida e ver neles toda a sabedoria, todo o amor e justiça de Deus, nosso pai, não pude deixar de sentir, por alguns instantes uma tristeza egoísta, pois evidentemente deixaria de ter Flávio ao meu lado a quem já considerava como se fosse um filho meu. Havia aprendido também a amar Milena.

– Não se entristeça, irmão Soares. Todos estamos ligados uns aos outros e dia virá em que nos encontraremos novamente.

Flávio parecia ter percebido a minha tristeza e procurei mudar o meu pensamento com relação a essa novidade.

– E quem serão os seus pais?

Flávio olhou-me profundamente nos olhos, como quem olha para uma pessoa muito querida, e revelou-me numa só frase:

– Serei seu neto, irmão Soares.

– Meu neto? Você, meu neto? Filho de Alzira, minha filha querida?

– Sim. Eles me acolherão como filho.

– Meu neto...– consegui balbuciar, abraçando Flávio com muito carinho, não contendo as lágrimas de profunda emoção e felicidade. E não sabendo o que fazer para lhe demonstrar a minha alegria, beijei-lhe as mãos repetidas vezes, no que fui imitado por ele que chorava, também, copiosamente, dizendo:

– Meu avô...

A muito custo nos refizemos e conseguimos desvencilhar-nos um do outro. Não me cansava de olhá-lo com ternura.

– Está contente, meu avô? – perguntou-me, brincando, no intuito de desfazer tanta emoção, para que pudéssemos retornar ao diálogo.

– Somente senti tal felicidade quando do nascimento de minha filha Alzira. A propósito, minha esposa Clarice já sabe disso?

– Oh, sim. Na verdade, ela está tendo uma participação muito grande nessa programação.

– E quando se dará isso?

– Semana que vem.

– Semana que vem?

– Perdoe-me por não ter-lhe dito nada antes, mas encontrava-me em preparação para essa partida.

– E como será isso? Ainda não aprendi nada a respeito.

– Terá oportunidade de participar, meu avô.

As lágrimas voltaram a ocupar meus olhos, pela oportunidade que teria em, talvez, poder auxiliar nessa providência.

– Hoje à noite, devo dirigir-me à casa de meus futuros pais a fim de começar a ligar-me fluidicamente com eles.

– Permanecerá lá por uma semana?

– Sim. Mas não se preocupe. No dia de minha, digamos, concepção, acompanhará o nosso irmão Mendes e a equipe de Espíritos Construtores.

– Espíritos Construtores?

– São os especialistas nessa área. Esse tipo de trabalho é bastante complexo, principalmente nos casos em que há necessidade de uma reencarnação compulsória. No meu caso é diferente porque existe a minha disposição em retornar ao plano terrestre e aceito de coração aqueles que me receberão, principalmente minha mãezinha que me carregará em seu ventre e me dará à luz.

– Estou emocionado demais, Flávio.

– Devo ir agora. Nós nos encontraremos daqui a exatamente uma semana.

– Que Deus o acompanhe e velarei por você.

– Que assim seja.

***

Durante toda aquela semana, procurei dedicar-me mais detidamente ao estudo dos processos reencarnatórios, a fim de ter alguma idéia quando fosse apreciar o retorno físico de Flávio. Um dia antes do tão esperado momento, irmão Mendes chamou-me ao seu encontro e forneceu-me mais alguns subsídios para que eu pudesse doar de mim uma pequena parcela de contribuição. E na manhã seguinte, bem cedo, passei a fazer parte da equipe reencarnacionista, composta principalmente pelos Espíritos Construtores. Quando entramos na casa de minha filha, era perto de oito horas da manhã. Meu genro já havia ido para o trabalho e Alzira havia saído para fazer compras. Um Espírito de muita luz lá já estava a postos e fiquei sabendo que há uma semana fazia companhia a Flávio, instalado num dos quartos vagos da casa. Quando nos vimos, Flávio, que se encontrava deitado numa maca, olhou-me silenciosamente, endereçando-me ligeiro sorriso. Pelo que havia estudado, ele já deveria se encontrar num processo de ligação afetiva a seus futuros pais. Nesse processo, o perispírito reencarnante vai perdendo o contato com o plano espiritual em que se encontra e ligando-se mais ao plano de seus genitores. Olhou novamente para mim e eu disse-lhe em voz baixa:

– Desejo-lhe toda a felicidade do mundo, meu neto.

Limitou-se a sorrir timidamente, parecendo estar sentindo todo o processo de transformação que se operava nele, enfraquecendo-o por conseqüência.

Ali permanecemos por muitas horas em prece, enquanto os Espíritos Construtores lhe aplicavam passes magnéticos. Cheguei a ouvir as vozes de Alzira e meu genro, mas procurava não lhes prestar atenção, concentrando-me na oração, providência essa bastante recomendada pelo irmão Mendes. O tempo pas-

sou e percebi um silêncio na casa, donde deduzi que Alzira e meu genro já haviam se dirigido ao quarto de dormir. Olhei interrogativamente para o irmão Mendes que, percebendo a minha dúvida, prontamente esclareceu-me:

– Sossegue, irmão Soares. Não será necessária a nossa presença no ato da união celular. Como sabe, a fecundação do óvulo materno somente ocorre algumas horas depois dessa união.

– Sim, mas...

– Não se preocupe, tudo dará certo. Não tenha nenhuma dúvida quanto a isso. Apenas observe e ore.

Meneei afirmativamente a cabeça, concordando, e continuei em minhas preces. Alguns minutos mais se passaram até que minha atenção foi despertada por uma carinhosa ordem que um dos Espíritos Construtores endereçou a Flávio:

– Procure agora sentir-se como uma criança.

Olhei para ele e percebi, dentro da suave claridade que o envolvia, uma mudança já a operar-se em sua forma. Parecia estar perdendo parte de seu perispírito, reduzido que encontrava-se em tamanho. Empalidecera e seu olhar apresentava-se vago, parecendo perder-se ao longe. Logo, Flávio começou a tomar a forma de uma pequenina criança, enquanto os Espíritos encarregados daquela operação consultavam alguns gráficos que eu desconhecia o teor.

– O momento é chegado, irmão Mendes – informou, por fim, um desses trabalhadores. – Podemos passar para o outro quarto. Quem o entregará?

Irmão Mendes olhou para mim e chamou-me, carinhosamente:

– Irmão Soares, venha até aqui.

Dirigi-me até ele que, apanhando Flávio, em forma de bebê, entregou-o a mim, dizendo:

– Tome-o em seus braços, meu irmão. É seu neto. Você o entregará à sua filha. Vamos.

Apanhei com cuidado aquele pequenino ser em meus braços e acompanhei-os até o quarto contíguo. Assim que entramos, como que um jato de luz e de bemaventurança tomou conta de meu ser. Os corpos de Alzira e de meu genro encontravam-se adormecidos sobre a cama, porém ambos encontravam-se, em Espíritos, deles desprendidos, em pé e sorrindo para mim. E entre eles como que a abençoá-los, meu Deus, Clarice, minha querida esposa, tão iluminada que, por pouco não ajoelhei-me aos seus pés.

– Não diga nada, meu querido – disse-me ela. – A hora é de silêncio, prece e felicidade.

– Meu querido pai, – falou-me, por sua vez, Alzira – apanho de suas mãos aquele a quem darei à luz e amarei por toda a minha vida.

– Minha filha... – sussurrei.

– Traga-o até mim – continuou. – Quero enlaçá-lo em meus braços e senti-lo bem próximo ao meu coração.

Dirigi-me vagarosamente até ela e entreguei-lhe o filho, com doce emoção a explodir-me no peito. Ainda pude sentir o contato de suas mãos nas minhas.

– Que Deus o abençoe, meu pai, e saibamos agradecer a Ele por este momento de suprema felicidade.

Minha filha, então, abraçou carinhosamente a criança contra o peito e virando-se para seu querido marido, disse-lhe:

– Eis o nosso filho.

Meu genro não conseguia conter as lágrimas e afetuosamente passou suas mãos na cabecinha do bebê, num gesto de carinho e amor. E Alzira, por sua vez, com doce e mansa voz, falou ao ouvido da criança:

– Eu o acolho em meu ventre, meu filho, fruto que é de um amor verdadeiro.

Ao terminar essas palavras, a criança começou, lentamente, a diminuir cada vez mais a sua forma, até desaparecer através do corpo fluídico de sua mãe.

– Para onde ele irá? – perguntei, inocentemente.

Irmão Mendes não se fez de rogado e sussurrou-me aos ouvidos:

– Seu corpo perispiritual foi restringido e sua fonte de vida será incorporada ao óvulo no momento da fecundação pelo espermatozóide, que se opera neste momento.

– Que Deus os abençoe a todos. E a você, Soares, que tanto amor dedicou e dedica a mim, as minhas bênçãos de reconhecimento. Estarei sempre ao seu lado, pronta a auxiliá-lo no que for preciso para a sua evolução espiritual – disse Clarice, minha esposa.

– Quando poderemos nos encontrar novamente? – perguntei-lhe.

– Muito em breve, Soares.

Dizendo isso, dirigiu suas mãos por sobre as frontes dos cônjuges e radiosa luz lançou em direção a eles, numa bênção de muito amor e dedicação. De minha parte, não me cansava de agradecer ao Alto por tanta felicidade.

– Sejam felizes – complementou, desaparecendo suavemente. Alzira e seu marido retornaram aos seus corpos adormecidos e todos nos retiramos do quarto.

– E então, Soares? – perguntou-me irmão Mendes, esperando ouvir algum comentário de minha parte, porém as palavras não conseguiram sair de meus lábios e limitei-me a chorar emocionadamente, abraçado a ele.

Nesse momento, uma nova visita entrou na casa. Era Milena que, não podendo assistir todo aquele processo, aguardara o seu término junto a outras entidades do lado de fora da residência.

– Muito emocionado, irmão Soares?

– Muito, minha filha. Nunca vi algo de tamanha beleza, de tanta luz, de tanta vibração.

– Posso imaginar.

– Você não pôde tomar parte?

– Disseram-me que não seria prudente, pois poderia atrapalhar a concentração de Flávio, necessária nesse tipo de reencarnação.

– Entendo.

– Daqui a dois anos será a minha vez.

– Flávio me disse.

– Aguardo com muita ansiedade por esse momento, principalmente pelo fato de saber que esse será o meu primeiro passo para reencontrar-me com ele.

– Com meu neto.

– Sim. Com seu neto.

XIX

Fernando sai da casa de Hermínia e dirige-se diretamente ao endereço da moça do *shopping* que lhe foi informado por Álvaro. Quando lá chega, estaciona o carro do outro lado da rua e fica a observar o edifício.

– Meu Deus! – exclama – Não pode ser aqui! Isto é prédio de milionários! Se ela mora neste lugar, deve ser muito rica. Como irá, sequer, dar-me atenção? Oh, meu Deus! O que eu faço?

Nesse momento, tem um sobressalto. A misteriosa moça vem saindo pela grande e envidraçada porta do prédio. Fernando sente um forte aperto na região do estômago e seu coração começa a acelerar fortemente.

– Como é bonita! Mas ela não pode ver-me. Não estou bem vestido – pensa, nervosamente, como uma criança que, de repente, vê-se acuada. – Mesmo que ela não me conheça, não pode ver-me deste jeito. A primeira impressão é a que fica. Preciso sair rápido daqui. Meu Deus, ela vai atravessar a rua! E está vindo nesta direção!

Fernando está desesperado, pois a moça saíra a pé do prédio e vinha caminhando, como quem vai atravessar a rua e, fatalmente, em direção a ele.

– Vou-me embora.

E decidindo por essa alternativa, dá partida no veículo e já está engatando a marcha para partir, quando um outro carro estaciona ao seu lado, impedindo-o de sair do meio-fio. Somente nesse momento percebe que extensa fila de automóveis havia se formado, pois um semáforo impedia a passagem na esquina à sua frente. E a moça começa a atravessar a rua, caminhando por entre os carros parados, com os motores em funcionamento. Fernando rapidamente tira a chave da ignição, enfia o chaveiro no bolso da calça, salta para o banco do passageiro, abre a porta do seu lado direito e sai na calçada. A sua intenção, numa decisão rápida, era a de afastar-se dali, a pé mesmo. Porém, o destino o impede. Assim que dá apenas alguns passos, o chaveiro, mal enfiado no bolso, cai no chão.

– Ei, moço. Deixou cair as suas chaves.

Fernando estaca, lívido.

– Ei, moço. Suas chaves.

Volta-se lentamente e suas pernas chegam a tremer, tamanha a vertigem que sente. É a moça do *shopping* que, olhando para ele, sacode o chaveiro na mão. Ela, por sua vez, quando Fernando se volta, tem um ligeiro sobressalto e, sem saber o porquê, percebe que seu coração começa a bater mais fortemente e num ritmo mais acelerado. A sensação que parece sentir é a de que conhece aquele rapaz de algum lugar e vê uma grande bondade em seu olhar. Impressiona-se com isso. E é com algum esforço que lhe fala, pois as palavras parecem-lhe travadas nos lábios:

– Suas chaves...

Fernando refaz-se e caminha em direção a ela, apanhando as chaves.

– Obrigado, moça.

– Você está sentindo alguma coisa?

– Não. Por quê? – pergunta, já que são as únicas palavras que consegue proferir, pensando, ao mesmo tempo: – Meu Deus, devo estar fazendo feio.

– Você estava com tanta pressa que, além de deixar cair as chaves, ainda deixou a porta de seu carro aberta.

– Oh, sim, mas que distração a minha – desculpa-se, apressando-se em fechá-la.

– Tudo bem, mesmo? – insiste a moça.

– Tudo bem...quero dizer...quase tudo se eu tivesse a coragem necessária – deixa escapar.

– Se tivesse coragem? – sorri a moça. – Coragem para quê?

– Ei, Mara, você vem ou não vem? – chamam algumas moças de dentro de uma sorveteria, bem à frente de onde estão.

– Já vou.

– Estão chamando-a. Seu nome é Mara?

– Sim – responde, sem entender o que lhe está acontecendo, pois gostaria de conversar mais um pouco com aquele desconhecido. – E o seu?

– Chamo-me Fernando.

– Mas você estava dizendo que tudo estaria bem se tivesse coragem e eu lhe perguntei para quê.

Fernando, nesse momento, percebe que Mara parece uma boa moça e, lutando contra seus próprios limites, municia-se de toda a coragem, respira fundo e faz um convite:

– Gostaria de acompanhar-me num sorvete?

– Coragem para isso?

– Não, mas talvez, se você me der uns minutos de sua atenção, eu poderia lhe falar sobre essa coragem que gostaria de ter.

– Tudo bem. Vamos ao sorvete, então.

– Junto com elas? – pergunta Fernando, agora um pouco mais desenvolto.

– Podemos nos sentar àquela mesa, se quiser.

– Gostaria muito.

– Então, vamos.

– Ei, Mara, quem é o *gato*? – brinca uma das amigas.

Mara apenas faz um sinal com o indicador por sobre os lábios e as moças voltam a atenção para o sorvete que estão tomando no balcão da sorveteria. Fernando puxa a cadeira para Mara sentar-se e chama um dos *boys* que atende os fregueses.

– Qual sabor gosta mais?

– Chocolate.

– Duas taças de sorvete de chocolate, por favor.

– Com que cobertura?

– Sem cobertura – pede Mara.

– O meu também.

– Mas você estava dizendo mesmo...

– Como?

– A respeito da coragem que gostaria de ter.

– Oh, sim. Bem... é que...

– Fale, Fernando – ri a moça, encantada com a maneira dele.

– Vou falar. Sim, é isso aí. Vou falar.

– Então, fale – pede Mara, delicadamente, encorajando-o.

– Sabe que este nosso encontro era tudo o que eu queria?

– Como?

– Você sabe que já faz mais de um ano que sonho com este momento?

– Não estou entendendo...

– Por favor, não pense que estou louco ou inventando alguma coisa só para impressioná-la. Pode acreditar em mim: faz mais de um ano que sonho em encontrar você, novamente.

– Mas eu nunca o vi antes.

– Eu sei disso, mas se quer saber, agora há pouco, eu estava fugindo de você. Não fosse o meu chaveiro que caiu no chão...

– Estou entendendo menos ainda.

– Vou parar de falar as coisas pela metade.

– Pois acho bom – concorda a moça, sorrindo.

– Sabe, Mara, há exatamente um ano, dois meses e nove dias eu estava num *shopping* quando a vi pela primeira vez.

– Deixe-me pensar um pouco – pede a moça – É, realmente, estive num *shopping* há mais ou menos um ano. Quase não vou a esses lugares, mas lembro-me de ter ido.

– Pois bem. Vou contar-lhe tudo o que aconteceu a partir daquele dia e espero que me perdoe se, porventura, eu tenha feito algo que não aprove.

– Nossa, Fernando, estou começando a ficar preocupada – brinca, em resposta.

E Fernando, então, conta tudo à moça que o ouve atentamente, num misto de surpresa e emoção, pois nunca poderia imaginar que alguém tivesse ficado tanto tempo assim pensando nela e até com a idéia de colocar um anúncio num jornal.

– E isso foi tudo o que aconteceu até agora. Como disse, estava fugindo de você, pois não me achava em condição, digamos, visual, para ser visto. Não fosse o chaveiro...

– Bobagem, Fernando. Você está ótimo.

– E o que acha de tudo isso?

– Bem, na verdade não sei o que lhe dizer. Sinto-me até lisonjeada.

Fernando, então, num ímpeto, pergunta-lhe à queima-roupa:

– E posso ter alguma esperança, Mara?

– Fernando! Você anda sempre assim, tão depressa?

– Não, mas já que estou tendo esta chance de lhe falar, tenho que aproveitá-la ao máximo e, principalmente, aproveitar este meu momento de coragem.

– Sabe...o que posso lhe dizer é que se fosse uma outra pessoa a contar-me o que me contou, tenho absoluta certeza de que, nesta hora, já teria atravessado a rua de volta para minha casa, mas...não sei...partindo de você...

– Por que diz isso? – pergunta, animado com o rumo da conversa.

– Não sei...talvez porque ache você...sei lá...talvez um pouco especial.

– E por isso posso alimentar alguma esperança de voltar a vê-la?

– Pode – responde sorrindo.

– E quando?

– Quando quiser, Fernando.

– Hoje à noite?

– Ei, vamos devagar, mocinho. Nem conheço você direito.

– Conhece, sim, Mara. Sou tudo o que lhe disse. Nada mais.

– Pois percebo algo mais em você.

– Verdade?

– Sim.

– E posso saber o quê?

– Você deve ser uma pessoa muito boa.

– Obrigado, Mara. Fico contente em ter-lhe passado essa imagem.

– Está bem, Fernando. Eu o espero hoje à noite.

– Aqui na sorveteria?

– Gostaria que fosse lá no prédio. Lá naquele jardim. Está vendo?

– Sim.

– Poderemos nos sentar num daqueles bancos e conversar mais um pouco.

– Está combinado, então.

– Até a noite – despede-se Mara que faz um sinal de despedida com a mão para suas amigas e atravessa a rua, em direção ao edifício.

Fernando paga a conta, dá um agradecido beijo no chaveiro e sai também.

***

São vinte horas e Fernando faz-se anunciar na portaria do edifício. Em poucos minutos Mara surge à porta do prédio, chamando-o.

– Como está bonita! – comenta Fernando consigo mesmo, enquanto caminha em direção a ela. – Será que se ela se preocupou, como eu, na hora de vestir-se?

Nesse momento, Fernando cai numa realidade que havia se esquecido. Mara devia ser muita rica e ele, um simples rapaz de classe média. Além do mais, não chegou a lhe perguntar se ela tinha um namorado. Casada não era porque não havia visto nenhuma aliança em sua mão o que, aliás, o deixara muito contente. Namorado também não deveria ter porque senão não teria aceito voltar a vê-lo. Mesmo assim, sente um aperto no coração.

– Bem...o que eu posso fazer? Vamos em frente – pensa.

– Oi, Fernando, que bom que você veio.

– Pensou que eu não viria?

A moça limita-se a sorrir.

– Venha comigo. Vamos até o jardim – convida, caminhando em direção a um pequeno gramado com algumas árvores simetricamente dispostas e diversos bancos iluminados por postes de luz. – Vamos nos sentar aqui.

Permanecem alguns minutos em silêncio, sorrindo um para o outro. Ambos sentem a mesma impressão de já se conhecerem e Mara comenta esse fato com Fernando.

– É impressionante. Encontrei-me com você hoje, mas parece-me conhecê-lo há muito tempo.

– Também tive essa sensação quando a vi pela primeira vez no *shopping*.

– Falando nisso, você trouxe as fotos para eu ver?

– Oh, sim. Estão aqui – responde, tirando várias do bolso do paletó. – Estas são apenas provas. Em minha casa, tenho-as ampliadas.

– Agora me lembro desse dia. Ei, você é um bom fotógrafo.

– Fotografar você é a coisa mais simples, mesmo que fosse com a pior das câmaras.

– Você é muito gentil também.

– Pode ficar com as fotos.

– Obrigada. Mas fale-me alguma coisa sobre você.

Fernando conta-lhe, então, resumidamente, a história de sua vida, o que faz, suas idéias sobre a Doutrina Espírita que pretende abraçar e fica muito satisfeito quando Mara lhe confessa sentir vontade de conhecer as bases dessa religião dos Espíritos, dizendo-lhe que já chegou a ler alguns livros a respeito.

– E você, Mara? É a sua vez.

– Não tenho muita coisa a contar, Fernando. Tenho vinte e quatro anos, sou filha única como você e nasci nesta cidade mesmo. Sou formada em Administração de Empresas, trabalho com meu pai no escritório de sua construtora e chefio uma equipe que criei na firma para cuidar dos problemas assistenciais das famílias dos empregados de meu pai.

– Deve ser muito gratificante esse tipo de atividade.

– É verdade. Sinto-me bastante útil.

– E o que mais?

– Mais nada, Fernando. O que mais poderia lhe dizer?

– Qualquer coisa. Gosto de ouvi-la falar.

– Bem, gosto de ler, de ouvir música, de cinema e de ficar em casa.

– Ficar em casa?

– Sim. Não sou muito dada a festas, apesar de estar sempre recebendo muitos convites.

– Posso imaginar.

– E você sai muito?

– Quase não saio. Principalmente depois que a vi pela primeira vez.

Mara lhe sorri, apenas.

– Agora, gostaria de lhe fazer uma pergunta um tanto indiscreta.

– Pode fazer.

– Você tem compromisso com alguém?

– Compromisso? Você quer dizer namorado?

– Sim.

– Não, não tenho. Já cheguei a namorar, mas não deu certo.

– Fico aliviado com isso.

– E você?

– Também já namorei. Aliás, quando vi você pela primeira vez eu estava namorando. Um mês depois rompi o namoro.

Mara olha profundamente nos olhos do rapaz e percebe que ele, realmente, parece gostar muito dela e que também está começando a sentir algo de muito forte. – Será mesmo verdade essa história de amor à primeira vista? – pergunta-se, intimamente e, por mais alguns segundos, deixa-se envolver naquela significativa troca de olhares, rompendo finalmente o silêncio que se instalara entre eles.

– Mas como estava dizendo, não sou muito de sair, ir a festas, comemorações. Prefiro ficar em casa, com um bom livro ou um bom filme. É até engraçado, porque meu pai tem mania de comprar jóias.

– Comprar jóias?

– Sim, comprar jóias. Ele tem verdadeira compulsão em comprar jóias e presentear a mim e à mamãe, e brinco sempre com ele, dizendo que jóias são feitas para serem exibidas, ou seja, são próprias para quem sai de casa e eu não saio.

– Seu pai deve ser muito rico.

– Ele ganha muito bem, sim, mas é uma pessoa muito simples e humilde no trato com os outros.

– Se ele for como você, deve ser um grande homem.

– Meu pai é um grande homem. Bastante caridoso e humano para com todos que o cercam. Só tem esse defeito: gosta de colecionar jóias. Inclusive fomos assaltados pouco tempo atrás.

– Assaltados?

– Foi horrível. Entraram em vários apartamentos de nosso prédio, apontando armas para todos.

– E roubaram muita coisa?

– Roubaram muita coisa dos apartamentos. De nós levaram uma jóia que papai ia dar-me de presente. Nem cheguei a ganhá-la. Apenas a vi por um descuido dele quando a trouxe para casa.

Fernando tem um sobressalto.

– Como era essa jóia, Mara?

– Era um camafeu feito com uma grande pedra, se não me engano, uma safira, incrustada em finíssima peça em ouro, cravejada de brilhantes. Caríssima. Inclusive, eu e minha mãe demos uma leve bronca em papai, por ter gasto tanto dinheiro naquela peça. Você ainda não me perguntou o que eu estava fazendo lá na delegacia.

– Imagino que por causa do assalto.

– Tinha ido até lá para examinar vários álbuns de fotos de assaltantes, a fim de tentar reconhecer algum.

– Sabe, Mara, tenho uma outra longa história para lhe contar.

– Outra história? – pergunta, sorrindo.

– Não somente uma história, como uma grande coincidência. Eu sei quem está com essa jóia.

– Você sabe?!

– Vou lhe contar tudo.

XX

Depois de dois anos, Milena reencarnou no seio de uma família que, a exemplo da de minha filha e meu genro, era formada por um casal extremamente venturoso no que dizia respeito à índole boa e caridosa. Seus pais a ela também encontravam-se ligados através de um passado remoto e, da mesma forma como ocorrera com meu neto, tive participação em seu processo reencarnatório. E de muitos acontecimentos tomei parte, desde o auxílio quando da desencarnação de César até os dias atuais, ainda em constante trabalho de assistência e socorro aos Espíritos necessitados e renitentes quanto à transformação íntima tão necessária para a evolução. César ainda se encontra em recuperação em colônia especializada nos problemas que detinha, e de Arlete não tivemos mais notícias, apesar de que, evidentemente, um dia também compreenderá e abraçará os ensinamentos de Jesus. Ainda não tive o mérito de conviver com minha querida esposa Clarice, apesar de ter tido a felicidade de com ela reencontrar-me em diversas épocas, sempre no trabalho de assistência. Acompanhei todos os passos de minha filha Alzira até a sua desencarnação com a idade de apenas trinta e cinco anos. Socorrida por nós em nossa Colônia, passou a ser, com o tempo, minha constante companhia nos trabalhos que participava na crosta, onde, muitas vezes, auxiliamos seu marido, meu genro Orestes, durante seus quinze anos de viuvez e que, com muito esforço desempenhava seu duplo papel: o de pai e mãe para meu neto Flávio, que ao reencarnar, há vinte e seis anos, recebeu o nome de Fernando. Orestes desencarnou há pouco mais de quatro meses e ainda se encontra em repouso, restabelecendo-se de um aneurisma cerebral num hospital da Colônia. Com respeito a Fernando, eu e minha filha, sua mãe, muito temos trabalhado para que reencontre Milena, hoje conhecida pelo seu novo nome: Mara. Mas a minha maior missão, herdada de Flávio, antes de seu retorno à crosta, tem sido o de auxiliar nosso irmão Torquato, ainda perdido e escravizado à doentia fixação de conquistar a sua amada, Milena, no passado mais próximo e hoje, Mara, que Fernando tanto busca tendo apenas dela algumas poucas fotografias tiradas na única vez que a viu e que, pela força das coisas, tinha consigo uma câmara fotográfica. Fotografou-a à distância, com potente lente aproximadora porque, ao rever aquela que por muito tempo foi sua companheira de romagem, imediatamente apaixonou-se, evidentemente levado pelas vibrações remanescentes do passado. Quanto a Torquato, acompanhamo-lo na tentativa de auxiliá-lo sempre, haja vista que tanto Fernando quanto eu temos débitos para com ele, oriundos do pretérito. E, atualmente, nos encontramos bem próximos de conseguirmos esse nosso intento, pois que Torquato já se encontra cansado de tanto lutar e, repetidas vezes, tem melhor ouvido nossas palavras de renovação. Nestes últimos dias, por pouco não conseguiu fazer com que a jóia, mais precisamente, um camafeu, fosse dada de presente a Mara, pois foi roubada por assaltantes antes que seu pai a presenteasse e hoje, Torquato encontra-se em profundo trabalho obsessivo em cima de um jovem que, por alguma razão que ainda desconheço, mas que deve haver, pois neste mundo de Deus, o acaso não existe, encontra-se de posse dessa jóia e sente-se, pela própria ligação mediúnica com Torquato, o verdadeiro proprietário da peça. E encontra-se sofrendo muito por isso, inclusive seus familiares.

Nesse momento, Jandira tem um sobressalto e desconcentra-se completamente do trabalho de psicografia.

– Meu Deus! Como pode ser? Esse rapaz a que o Espírito

Soares está se referindo, nada mais é do que esse moço, Régis, que encontra-se aqui hospedado. Preciso falar com seu Pedro.

Imediatamente, Jandira dirige-se até o Centro onde seu Pedro mora, para relatar-lhe o que descobriu. Leva consigo todas as folhas psicografadas até então.

– Seu Pedro, por favor, leia estas páginas que já psicografei.

– Mas agora, Jandira? Não posso lê-las outra hora?

– Por favor, seu Pedro. O senhor não irá se arrepender.

– Mas tudo isso?

– O senhor vai gostar de ler.

– Está bem. Então, sente-se aí ou vá tomar um café lá na cozinha, enquanto leio.

***

– Muito interessante, Jandira. Realmente, trata-se de Régis. Gostei, também, de tudo o mais que o Espírito lhe transmitiu. Está repleto de muitos ensinamentos.

– E agora, seu Pedro? Devo continuar psicografando? Afinal de contas essa história já chegou à época atual. Começou em 1969, chegando até o dia de hoje. E o mais interessante é que ela ainda não terminou. Estamos no presente dela.

– Pois então vamos vivê-la. Pelo menos é o que me diz o senhor Soares aqui do meu lado.

– O senhor o está vendo?

– Sim e ele diz estar profundamente agradecido pelas horas que você já dedicou a esse trabalho.

– Pois diga a ele que tive um grande prazer.

XXI

– Sentem-se aqui, nesta fileira – convida seu Pedro, indicando a primeira fila de bancos a Fernando e Mara, que decidira vir com ele até o Centro Espírita. Hermínia havia achado melhor não vir. Já são dezenove horas e quarenta e cinco minutos da segunda-feira. Na noite anterior, quando Fernando saiu do edifício de Mara, achou melhor procurar Hermínia e contar-lhe sobre tudo o que lhe estava acontecendo. Não queria, por mais nenhum minuto, permitir que Hermínia sentisse alguma esperança a respeito dele. A moça, felizmente soube compreender e fez Fernando prometer-lhe que telefonaria após a reunião para dar notícias se, porventura, tivesse ocorrido alguma novidade a respeito da situação de Régis e, principalmente da do Espírito que o envolvia.

Todos os médiuns já se encontram, há algum tempo, sentados ao redor da mesa, em prece. Somente seu Pedro dirige-se a Fernando e Mara a fim de dar-lhes pequena explicação.

– Meus filhos, sei que estão na expectativa de que consigamos doutrinar a infeliz entidade que está obsediando Régis, porém, apesar de já ter notado a sua presença neste recinto, ladeada por entidades do bem, devo adiantar-lhes que, como se costuma dizer no meio espírita, o telefone somente toca de lá para cá e são os trabalhadores do Plano Espiritual que organizam e dirigem os nossos trabalhos. Por isso, quero que saibam que, apesar de termos enorme chance de conversarmos com Torquato e este é o nome desse Espírito, poderemos não conseguir nenhum sucesso na noite de hoje. Vamos orar bastante para que tudo dê certo, mas pode ocorrer de não conseguirmos a comunicação porque isso não depende só do Espírito, mas também da disposição do médium em bem recebê-lo, com humildade e compreensão, doando-se plenamente a esse mister. Também pode ocorrer de o Espírito não ceder à idéia de falar conosco. Enfim, são muitos os fatores que concorrem para que uma reunião se revista ou não de pleno êxito. Aliás, é muito importante que todos os médiuns se conscientizem da responsabilidade que detêm. No caso em questão, Fernando, somente lhe disse que hoje poderíamos nos comunicar com essa entidade, por indicação de um dos mentores desta casa que, no sábado, acenou-me com um sinal positivo.

– Entendo.

– Bem, está na hora de iniciarmos o trabalho – diz seu Pedro, sentando-se à mesa.

– Carlos, por favor, queira fazer a prece inicial, agradecendo a Deus pela oportunidade que estamos tendo e rogando auxílio e proteção para todos nós.

Carlos faz, então, bonita oração e, assim que termina, seu Pedro toma novamente a palavra:

– Meus irmãos. Vamos, a partir de agora, cumprir com nosso dever. Concentremo-nos em prece.

Também, a pedido de seu Pedro, a médium Jandira já se encontra sentada à mesa com papel e lápis à mão e não demora muito para que o irmão Soares comece a psicografar através da mediunidade da moça:

Meus irmãos, continuando a narrativa, encontramo-nos, agora, em reunião mediúnica no Centro Espírita Allan Kardec e posso afiançar-lhes que a visão que tenho neste momento é, no mínimo, maravilhosa. Tudo foi cuidadosamente planejado e organizado durante todo o dia, com equipes de limpeza que têm a incumbência de limpar o ambiente de todas as más vibrações de que, porventura, possa estar impregnado. Cordões luminosos de isolamento já foram instalados há algumas horas, separando as entidades comunicantes, por faixas de maior ou menor desequilíbrio e muitos trabalhadores que têm a missão de proteger o ambiente já se encontram em seus postos. A organização é perfeita e bem elaborada. Sabemos que nem todas as entidades aqui presentes terão a oportunidade de se comunicarem, porém, em muito aprenderão ouvindo, observando e, principalmente, recebendo os fluidos benéficos do ambiente, provenientes de verdadeiros fachos de luz que caem sobre todos nós. Muitos irmãos sofredores aqui se encontram e muito temos que fazer para ajudá-los e, ajudando-os, estaremos ajudando a nós mesmos. Suave e azulada luz cristalina desce sobre a mesa dos trabalhos.

E neste momento, após quatro entidades infelizes já terem sido libertadas dos laços escravizantes de suas próprias fixações mentais, chega a vez de nosso irmão Torquato que, após receber passes magnéticos dos trabalhadores da casa, aproxima-se de Antonio, um dos médiuns e, envolvendo-se nos fluidos desse trabalhador, recebe a autorização para comunicar-se.

– O que querem de mim?! – diz, ainda revoltado por ter sido mantido neste ambiente desde sábado passado.

– Queremos ajudá-lo – diz, mansamente, seu Pedro que é quem dirige os trabalhos.

– Não preciso da ajuda de vocês. Quero ir embora daqui. Vocês não têm o direito de prender-me deste jeito.

– Muitas vezes, meu irmão, os amigos espirituais têm que agir dessa forma a fim de mostrar que acima de nossa vontade, existe a vontade de Deus, nosso pai.

– Eu não quero nada com esse Deus.

– E por quê, meu irmão? Afinal de contas, foi Ele quem o criou e foi Ele quem lhe estendeu a mão todas as vezes que, em sua vida, Dele necessitou.

– Pois foi muito pelo contrário. Quando mais necessitei Dele, virou-me as costas.

– E o irmão já parou para pensar se essa necessidade, por acaso, não iria beneficiá-lo e, ao mesmo tempo, prejudicar alguém?

– Todo benefício pessoal de alguém carrega sempre consigo um prejuízo para outro. Se não houvesse a infelicidade, a felicidade não existiria.

– Pois aí está o seu problema, meu irmão. Devemos todos encontrar a felicidade na felicidade de nosso próximo. Não confunda felicidade com satisfação. Satisfação é o que sentimos em relação às coisas materiais. Já, a felicidade, é algo mais sublime e é diretamente proporcional à felicidade de nossos semelhantes.

– Essa conversa me enfada.

– Tudo bem, meu irmão. Então, vamos direto ao assunto. Você sabe que está fazendo um grande mal a um inocente e que um dia terá que prestar contas desse ato? Aliás, de todos os atos que já cometeu e os que porventura vier a cometer?

– Não estou fazendo nada a ninguém! Somente estou tentando recuperar o que é meu.

– Seu? Por que acha que aquela jóia é sua?

– Simplesmente porque fui eu quem a mandou confeccionar. Porque fui eu quem pagou caríssimo pelas pedras, pelo ouro, pelos brilhantes e pelo serviço do joalheiro.

– Mas essa peça encontra-se agora neste plano. Quando você deixou o seu corpo físico, logicamente, alguém a herdou.

– Ela é minha! É minha!

– Acalme-se, meu amigo, e vamos conversar. Qual a sua intenção em manter o controle sobre essa jóia?

– Por que me pergunta se já sabe?

– Gostaria de ouvir de seus próprios lábios.

– Não vou falar nada.

– Por quê? Tem medo que ela ouça?

– Você não vai falar nada sobre isso. Aqui não!

– E se quando ela receber esse camafeu como presente não sentir o que você espera?

Torquato fica em silêncio.

– Já não tem mais tanta certeza, meu irmão?

–

– Responda, meu amigo.

– Não sei.

– E por que passou todo esse tempo com a idéia fixa em algo que nem ao menos tem certeza?

– Tenho a esperança. E ela me mantém vivo.

– Você, realmente, a ama tanto assim?

– Já lhe disse para não falar nada aqui!

– Por quê? Porventura não tem coragem de dizer que a ama?

– Pare de falar!

– É falta de coragem ou excesso de orgulho?

– Cale-se, já disse!

– Meu irmão, infelizmente você passou toda a sua vida confundindo posse com amor. Você, acostumado a ser cortejado pelas mulheres, nunca aceitou o fato dela ignorá-lo e fez disso sua própria escravidão. Pôs-se a acreditar que poderia comprá-la com uma jóia e vem mantendo esse pensamento por todos estes séculos. Liberte-se disso, meu amigo. Liberte-se disso.

– Não posso!

– Por quê?

– O que farei de minha vida se perder a mais importante finalidade que tracei um dia?

– Existem outras finalidades muito mais importantes, Torquato.

– Você embaralha a minha mente. Você me confunde.

– Há alguém aqui, Torquato, que gostaria de falar-lhe.

– Não quero falar com ninguém.

– Olhe bem à sua frente. Abra bem os seus olhos e procure visualizar aquela que um dia foi uma das pessoas mais importantes para você.

– Não vejo nada e não quero ver nada.

– Tenha coragem, meu irmão. Veja.

Nesse momento, fluidos do plano espiritual agregados e combinados a fluidos mais materializados emanados dos médiuns de sustentação, começam a formar uma espécie de nuvem bastante luminosa à frente de Torquato.

– O que é isso?

– Mantenha a calma e olhe com atenção. Aproveite esta oportunidade.

No mesmo instante, grande porta surge aberta no centro dessa nuvem e linda figura feminina a atravessa, sorrindo para Torquato.

– Sofia?! Não posso crer! Você aqui?!

– Faz muito tempo, não, Torquato?

– Por que me abandonou, minha irmã?

– Eu não o abandonei, Torquato. Foi você mesmo quem fez com que todos se afastassem.

– Mas vivíamos tão felizes!

– À sua maneira, não é mesmo, irmão?

– Eu a amava muito, Sofia. Desde que nossos pais faleceram, ficamos só nós dois...eu só tinha você.

– E queria que eu continuasse sempre à sua disposição, para servi-lo.

– Mas você não era feliz?

– Você sabe que somente seria feliz se permitisse o meu casamento.

– Foi por isso que fugiu de casa...

– Sim. E encontrei a felicidade, apesar de ter sofrido muito quando soube de sua morte. Depois, o tempo passou, envelheci e também passei para o verdadeiro lado da vida. Procurei por você mas nunca mais tive notícias suas.

– E como foi que me descobriu aqui?

– Foram me buscar para que eu falasse com você e o convencesse a acompanhar-me para uma nova vida. Uma nova vida, Torquato, cheia de felicidade. Livre-se desse pesadelo. Sabe que não vai dar certo. Sabe que não podemos comandar o sentimento alheio.

– Não sei se vou conseguir – desabafa, já com a voz embargada por soluços de emoção ao ver-se frente a frente com a irmã que tanto amara um dia.

Nesse momento alguém abre a porta do Centro e encaminha-se silenciosamente em direção à mesa dos trabalhos. Todos estão tão concentrados que nem notam a presença de Régis que, acompanhado por entidade de muita luz, traz, em suas mãos, o camafeu e o coloca à frente de seu Pedro.

– Minha jóia! – grita Torquato.

– Régis, meu filho – diz calmamente seu Pedro –, entregue-o à moça da primeira fila. Por favor.

O rapaz, então, volta-se e deposita o camafeu nas mãos de

Mara que o apanha para si. Seu Pedro aguarda alguns segundos e pergunta:

– E, então, Torquato? Vê alguma transformação em Mara?

– Não – responde, humildemente, o Espírito.

– Então, acompanhe sua irmã Sofia. Ela o auxiliará a fim de que possa ter uma vida mais útil, com muita paz no coração.

– Você me perdoa, Sofia?

– Venha comigo, meu irmão – roga a moça, estendendo a mão para Torquato e levando-o consigo através da porta de luz.

Mais alguns minutos e a reunião é encerrada com linda prece proferida por um dos presentes.

***

– Tudo bem, Mara? – pergunta Fernando.

– Estou muito emocionada com tudo isso. Aliás, de ontem para cá, só tive momentos de muita emoção e este camafeu será o símbolo de um novo capítulo que se inicia em minha vida.

– Espero estar incluído nele.

Mara sorri e dá um ligeiro beijo no rosto do rapaz que, chamando Régis, lhe diz:

– Venha conosco. Vamos levá-lo para casa.

Soares encontra-se abraçado ao casal, abençoando-os, com lágrimas nos olhos, sendo observado por seu Pedro, num de seus momentos de vidência. Soares percebe e aproxima-se dele.

– Valeu todo o trabalho, não, meu irmão? – pergunta seu Pedro ao Espírito que, com grande alegria estampada na face, sorri e brinca:

– O maior trabalho foi o de fazer o chaveiro de Fernando cair de seu bolso.